Kleine Raupe, kribbel mich!

Massagegeschichten und Spiele zur Körperwahrnehmung

Heike Jung

Verlag an der Ruhr

Impressum

Titel: **Kleine Raupe, kribbel mich!**
Massagegeschichten und Spiele zur Körperwahrnehmung

Autorin: Heike Jung

Illustrationen: Petra Lefin

Titelbildkinder: Isabel Kohlmann, Bennet Gerritzen

Foto: Karolin Gerritzen

Druck: Druckerei Uwe Nolte, Iserlohn

Verlag an der Ruhr
Alexanderstraße 54 – 45472 Mülheim an der Ruhr
Postfach 10 22 51 – 45422 Mülheim an der Ruhr
Tel.: 0208/4395450 – Fax: 0208/43954239
E-Mail: info@verlagruhr.de
www.verlagruhr.de

ISBN 978-3-8346-0539-9

geeignet für die Altersstufen: 4 5 6 7 8

Die Schreibweise der Texte folgt der neuesten Fassung der Rechtschreibregeln – gültig seit August 2006.

Gedruckt auf chlorfrei gebleichtes Papier

ÖKOPROFIT® Mülheim an der Ruhr 2007/2008

Wir sind seit 2008 ein ÖKOPROFIT®-Betrieb und setzen uns damit aktiv für den Umweltschutz ein. Das ÖKOPROFIT®-Projekt unterstützt Betriebe dabei, die Umwelt durch nachhaltiges Wirtschaften zu entlasten.

Inhaltsverzeichnis

Vorwort ... 5

Kapitel 1 – Körperkontaktspiele

Bewegungsspiele

Ein lustiger Zoobesuch ... 8
Belegte Brote ... 10
Tiere berühren sich ... 12
Schnapp die Schlange! ... 16
Hallo, ich grüße dich! ... 17

Sinnesspiele

Eine Statue nachbilden ... 20
Urwaldführung ... 22
Die hungrige Raupe ... 24
Blindenhunde entlaufen! ... 26
Füße fühlen den Boden ... 27

Geschicklichkeitsspiele

Kopf auf Fuß, Hand aufs Knie ... 28
Flugzeuge landen ... 30
Ameisen krabbeln über mich ... 32
Dem anderen auf die Füße steigen ... 34
Eisbären auf Eisschollen ... 36

Ratespiele

Eine Botschaft fühlen ... 40
Gib mir dein Bein! ... 41
Hörst du die Kätzchen toben? ... 42
Was fährt über meinen Rücken? ... 44
Blinde Körperreise ... 45
Körperteil-Kärtchen ... 46

Kapitel 2 – Massagegeschichten

Selbstmassagen

Massagen vorbereiten ... 48
Den Körper wach klopfen ... 49
Der Specht klopft sich eine Höhle ... 50
Die wunderbare Verwandlung ... 52
Was fliegt und kriecht denn da? ... 56
Schlängelnde Schlangen ... 58
Die Maus wacht auf ... 60

Inhaltsverzeichnis

Massagen zu zweit
Der Wurm im Apfel ... 61
Ein Raumschiff landet ... 62
Fit für das Pferderennen ... 63
Lass dich verwöhnen! ... 64
Katzenjungen krabbeln über dich ... 66
Zugfahrt zum See ... 68

Massagen in Kleingruppen
Erlebnis im Regenwald ... 70
Hundewäsche ... 72
Die kleine Maus krabbelt aus dem Haus ... 73
Die erschöpften Kamele ... 74
Gefährliche Dinosaurier ... 76
Zwetschgenkuchen backen ... 78
Geisterstunde ... 79
Muntere Waldzwerge ... 80

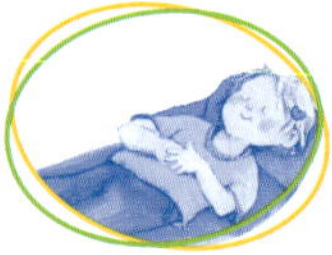

Kapitel 3 – Entspannende Berührungen

Entspannung allein
Ich sage Danke ... 84
Engelsflügel umarmen dich ... 86
Verwurzelt wie ein Baum ... 89

Entspannung zu zweit
Die Sonne geht auf ... 90
Blühende Blumen ... 92
Körperteile sanft führen ... 94
Lasst die Köpfe tanzen! ... 96

Entspannung in der Gruppe
Auf dem Mond schweben ... 98
Schaut in den Himmel! ... 100
Wärmende Hände ... 101

Die Autorin ... 102
Literatur- und Internettipps ... 103

Vorwort

Liebe Erzieher*, liebe Lehrer, liebe Eltern,

jeder von uns hat schon die Erfahrung gemacht, wie **wohltuend Berührungen** sein können. Sei es eine tröstliche Umarmung, ein Mut machendes Schulterklopfen oder eine entspannende Massage. Durch Berührung erhalten Menschen Kraft, sie fühlen sich angenommen und geborgen. Berührung ist für die **emotionale und seelische Entwicklung** der Kinder von größter Bedeutung.

Gerade in der mediengeprägten, oft von einseitigen Reizen geprägten Lebensumwelt der Kinder ist es besonders wichtig, den **Körperkontakt** zu fördern. Das Fühlen tritt oft zu Gunsten der visuellen und akustischen Reize immer mehr in den Hintergrund.

In diesem Buch finden Sie vielfältige Angebote, die die **Körperwahrnehmung** der Kinder fördern. Das **Vertrauen** der Kinder zueinander und auch das **Gemeinschaftsgefühl** werden durch die Übungen gestärkt. Die Angebote sind für alle Kinder von ca. 4–8 Jahren geeignet. Sie können sie in der Kita, in der Grundschule, in der Ganztagesbetreuung, in Freizeitgruppen und natürlich auch zu Hause einsetzen.

Kapitel 1 – Körperkontaktspiele

Die Spiele sind in **Bewegungs-, Sinnes-, Geschicklichkeits-** und **Ratespiele** eingeteilt. Durch die spielerische und vergnügliche Form erleben die Kinder den Körperkontakt zu anderen als etwas Selbstverständliches und Natürliches. Die Spiele sind besonders gut zum **gegenseitigen Kennenlernen** geeignet. Ob Händchen haltend durch den Urwald oder Fuß auf Fuß als Zwerge einen Berg hinauf: Die Kinder werden sehr viel Spaß dabei haben!

Kapitel 2 – Massagegeschichten

Die Massageangebote sind in kindgerechte, motivierende Geschichten eingebettet. Bei den **Selbstmassagen** können die Kinder zunächst an sich selbst spüren, wie es sich anfühlt, beklopft, gedrückt, gekitzelt zu werden. In den **Partner- und Gruppenmassagen** verwöhnen sich dann die Kinder gegenseitig. Weitere Erläuterungen zur Durchführung finden Sie direkt bei den Angeboten.

Vorwort

Kapitel 3 – Entspannende Berührungen

Verschiedene Angebote laden die Kinder ein, sich allein, zusammen mit einem Partner oder in der Gruppe zu entspannen.

Viele Körperkontaktübungen sind mit **Bewegungs- und Entspannungsgeschichten** verbunden. Durch die langsame und achtsame Ausführung gelingt es den Kindern leicht, **zur Ruhe zu kommen**.

Anwendung

Alle Inhalte dieses Buches können Sie **unabhängig voneinander und flexibel** einsetzen. Es bietet sich an, vor allem bei jüngeren oder unerfahrenen Kindern, zuerst mit den Körperkontaktspielen zu beginnen. So gewöhnen sich die Kinder an erste Berührungen untereinander.

Wenn die Kinder sicherer und selbstbewusster werden, schließen Sie die Massagegeschichten an. Den Ausklang einer „Wohlfühl-Stunde" gestalten Sie mit entspannenden Berührungsgeschichten.

Zur besseren Übersicht sind die Geschichten und Spiele **zweifarbig** gestaltet. Der **Vorlesetext ist schwarz**, die dazugehörigen **Bewegungsanweisungen sind blau gedruckt**. Eine kurze Pause, die Sie beim Vorlesen der Geschichten einlegen sollten, ist mit diesem Symbol  gekennzeichnet.

Lassen auch Sie sich von diesem Buch berühren!
Viele vergnügliche und einfühlsame Momente
wünscht Ihnen von Herzen

Heike Jung

* Aus Gründen der besseren Lesbarkeit haben wir in diesem Buch durchgehend die männliche Form verwendet. Natürlich sind damit auch immer Frauen und Mädchen gemeint, also Lehrerinnen, Schülerinnen etc.

Kapitel 1:
Körperkontaktspiele

Kapitel 2:
Massagegeschichten

Kapitel 3:
Entspannende Berührungen

Ein lustiger Zoobesuch

Spielart:	Bewegungsspiel
Teilnehmerzahl:	ab 10
Material:	flotte Musik

Vorbereitung:

Die Kinder teilen sich in Zoobesucher und Zootiere. Die Zootiere einigen sich, wer die Affen im Affengehege spielen möchte, die Löwen im Löwengehege, die Eisbären im Eisbärengehege, die Meerestiere im Aquarium, die Delfine im Delfinarium und die Tiere im Tropenhaus (z.B. Schlangen, Krokodile, Schildkröten). Die Zootiere setzen oder legen sich mit etwas Abstand nach Arten getrennt auf den Boden.

Los gehts:

Schalten Sie nun die Musik ein. Die Zoobesucher fassen sich an den Händen und laufen an den verschiedenen Tiergehegen vorbei. Falls die Tiere Lust haben, können sie schon mal typische Laute von sich geben (z.B. fressen) oder zusammen spielen.

Stoppen Sie nach einer Weile die Musik und rufen: „Die Zoobesucher schauen sich das Affengehege an!" Die Besucher begeben sich nun zu den Kindern, die die Affen spielen. Während die Affen herumspringen, sich gegenseitig lausen, Grimassen schneiden, miteinander schmusen usw., bewundern die Zoobesucher die süßen Affen mit Ausrufen wie: „Schau doch mal, was der Kleine schon alles kann!"

Ein lustiger Zoobesuch

Nach kurzer Zeit schalten Sie wieder die Musik ein. Die Kinder fassen sich wieder an den Händen und laufen um die Tiere herum. Beim nächsten Stopp rufen Sie z.B.: „Die Zoobesucher schauen sich das Löwengehege an!" Die Besucher begeben sich zu den Kindern, die die Löwen spielen. Diese brüllen, wälzen sich am Boden, fressen oder spielen miteinander. Wie bei den Affen bewundern die Besucher nun die Löwen.

Setzen Sie das Spiel so lange fort, bis alle Tiere besucht wurden.

Wenn Sie möchten, können Sie natürlich auch andere Tiere wählen (z.B. Giraffen, Gorillas, Papageien). Richten Sie sich einfach nach den Wünschen der Kinder.

Als Motivation können Sie vor Spielbeginn den Kindern einige Tierbilder zeigen und evtl. die Verhaltensweisen der Tiere besprechen.

Tipp:
Während die Musik läuft, können sich die Besucher auf unterschiedliche Weise bewegen, z.B. mit großen oder ganz kleinen Schritten, zügig oder trödelnd, rückwärts, hüpfend, stampfend, mit geschlossenen Augen usw.

Belegte Brote

Spielart:	Bewegungsspiel
Teilnehmerzahl:	ab 6
Material:	evtl. Matten

Vorbereitung:
Besprechen Sie mit den Kindern, welche Arten von Broten sie gerne essen (z.B. Schinken-, Käse-, Salami-, Tomaten- oder Schnittlauchbrote).

Los gehts:
Die Kinder stellen die einzelnen Beläge des Brotes dar, indem sich drei ungefähr gleich schwere Kinder mit dem Bauch nach unten übereinanderlegen.

Das unterste Kind ist die Brotscheibe, das mittlere Kind ist die Butter, das obere Kind ist der Brotbelag (Käse, Schinken, Tomaten).

Jedes Kind liegt einmal oben, in der Mitte und unten. Sobald es einem Kind zu schwer wird, müssen alle Kinder sofort runter. Am besten ein Signalwort wie „Runter!" vereinbaren. Normalerweise fühlt sich leichter Druck angenehm an. Die Kinder können selbst experimentieren, wie viel Gewicht sie wie lange aushalten. Vielleicht möchte eines der Kinder sogar herausfinden, wie es sich anfühlt, drei „Beläge" über sich zu spüren. In diesem Fall legt sich ein weiteres Kind als „Gürkchen" noch obendrauf.

Belegte Brote

Variante: Brote darstellen

Bei diesem Spiel werden drei verschiedene Brotarten von den Kindern dargestellt. Die Kinder laufen frei im Raum umher. Rufen Sie nach einiger Zeit des Umherlaufens eines von diesen Signalen in den Raum:

„Brotscheibe!“: Die Kinder legen sich einzeln auf den Boden.
„Butterbrote!“: Immer zwei Kinder legen sich übereinander.
„Tomatenbrote!“: Immer drei Kinder legen sich übereinander.

Die Kinder finden sich schnell und zufällig zusammen, wie sie gerade stehen, und nehmen so schnell wie möglich die richtigen Positionen ein.
Das schnellste „Butterbrot“ erhält 1 Punkt pro Kind, das schnellste „Tomatenbrot“ erhält 2 Punkte pro Kind. Wer wird nach 10 Runden „Brotweltmeister“?

Tipp:
Lassen Sie bei jüngeren Kindern den Wettkampfmodus weg. Bei Kindern im Grundschulalter kann es wegen auftretender Schamgefühle sinnvoll sein, Mädchen und Jungen zu trennen. Aber das merken Sie anhand der Reaktionen der Kinder schnell selbst.

Rufen Sie zwischendurch Namen wie „Käsebrot!“, „Fischbrötchen!“ oder „Schinkenbrot!“. Jedoch dürfen die Kinder darauf nicht reagieren.
Begeben sich einzelne Kinder trotzdem auf den Boden, bekommen sie einen Punkt abgezogen.

Tiere berühren sich

Spielart:	Bewegungsspiel
Teilnehmerzahl:	ab 2
Material:	Musik, Stecken oder Stab als „Zauberstab"

Vorbereitung:

Bevor das eigentliche Spiel beginnt, zeigen Sie den Kindern die nachfolgend angeführten Bewegungsmöglichkeiten und probieren diese gemeinsam aus. Dabei dürfen die Kinder natürlich nach Herzenslust quaken, trompeten, wiehern, usw. Die einzelnen Tiere haben folgende Bewegungsmöglichkeiten:

Schmetterling:

Die Kinder stellen sich nebeneinander, reichen sich die Hände, bewegen die Arme als Flügel auf und ab und „fliegen los". Die „Schmetterlinge" können vorwärts-, rückwärts-, in Kurven oder im Kreis herum fliegen, dabei fliegen sie ...

- langsam oder schnell
- hoch in der Luft (auf Zehenspitzen laufen)
- direkt über der Erde (Oberkörper etwas beugen)

Elefant:

Die Kinder stellen sich nebeneinander oder in einen Kreis und reichen sich die Hände. Die „Elefanten" schwingen ihre Rüssel ...

- nach links und nach rechts
- nach oben und unten
- im Kreis herum
- und stampfen gleichzeitig umher

Storch:

Die Kinder stellen sich nebeneinander oder in einen Kreis und reichen sich die Hände. Die „Störche" ...

Tiere berühren sich

- schreiten (gehen langsam, führen dabei die Knie weit nach oben)
- stehen auf einem Bein
- stehen auf einem Bein und beugen den Oberkörper nach vorn
- schwingen ein Bein vor und zurück

Pferd:

Die Kinder stellen sich nebeneinander und reichen sich die Hände. Die „Pferde"...

- heben die „Hufe" im Wechsel an
- gehen langsam
- galoppieren
- springen über „Hindernisse"
- führen mit dem rechten Bein einen Schritt nach vorne aus und ziehen immer das linke, hintere Bein nach (Seitenwechsel)

Frosch:

Die Kinder stellen sich nebeneinander oder in einen Kreis und reichen sich die Hände. Die „Frösche" ...

- hüpfen auf beiden Beinen vorwärts/rückwärts/seitwärts
- führen kleine oder große Sprünge aus
- springen besonders hoch

Ente:

Die Kinder gehen nebeneinander in die Hocke und reichen sich die Hände; mehrere Kinder können sich auch in einem Kreis an den Händen fassen. Die „Enten" watscheln in der Hocke ...

- vorwärts
- rückwärts
- seitwärts
- sie stehen auf einem Bein

Tiere berühren sich

Schnecke:

Die Kinder knien sich im Kreis, strecken ihre Arme als Fühler nach oben und berühren gegenseitig ihre Hände (das Berühren geht nur mit wenigen Kindern). Die „Schnecken" ...

- kriechen vorwärts
- kriechen rückwärts
- kriechen seitwärts
- ziehen ihre Fühler ein und aus
- schwenken ihre Fühler nach links und rechts

Igel:

Die Kinder gehen hintereinander in den Vierfüßlerstand und fassen dem vorderen Kind an die Knöchel. Die „Igel"...

- krabbeln vorwärts
- krabbeln rückwärts
- krabbeln seitwärts
- rollen um die eigene Achse (dabei die Knöchel des vorderen Kindes nicht loslassen)

Schlange:

Die Kinder legen sich hintereinander auf den Bauch und halten die Knöchel des vorderen Kindes. Die „Schlangen"...

- robben vorwärts
- robben rückwärts
- rollen um die eigene Achse

Tiere berühren sich

Los gehts:

Die Kinder laufen zur Musik umher und fassen sich dabei an die Schultern. Nach einiger Zeit schalten Sie die Musik aus, fuchteln mit einem „Zauberstab" umher und rufen einen „Zauberspruch" wie z.B.:

„Schni-schna-schneuch–kri-kra-kreuch, in Frösche verzaubere ich euch!"

Daraufhin verwandeln sich die Kinder in Frösche. Entweder entscheiden die Kinder selbst, wie sich das Tier bewegt, oder Sie geben anhand der Beispiele vor, was die Tiere machen sollen. Nachdem die Kinder das genannte Tier gemeinsam dargestellt haben, schalten Sie wieder die Musik ein, sprechen nach einiger Zeit wieder den Zauberspruch und verzaubern die Kinder in ein weiteres Tier.

Variante: Alle Hände berühren sich

Die Kinder bilden Mannschaften mit jeweils vier, sechs oder acht Kindern und werden farblich gekennzeichnet (z.B. durch farbige Bändchen). Je zwei Kinder, die nicht einer Mannschaft angehören, stellen paarweise zur Musik irgendein Tier dar. Nach einiger Zeit schalten Sie die Musik aus und sprechen den Spruch:

„Bri-bra-brich, alle Hände berühren sich!"

Die Kinder müssen nun so schnell es geht die Kinder ihrer Mannschaft suchen und alle Hände zusammenführen. Beim nächsten Zuruf nennen Sie ein anderes Körperteil (z.B. Köpfe, Schultern, Arme, Beine, Füße).
Die Mannschaft, die es als Erstes schafft, die zugerufenen Körperteile zusammenzubringen, erhält einen Punkt.

Schnapp die Schlange!

Spielart: Bewegungsspiel

Teilnehmerzahl: ab 6 (bei Dreiergruppen), ab 4 (bei Zweiergruppen)

Vorbereitung:

Die Kinder bilden Dreiergruppen und bilden „Schlangen". Jede Gruppe stellt sich auf folgende Weise auf: Das erste Kind, der „Schlangenkopf", steht dem zweiten Kind gegenüber und fasst diesem mit den Händen an die Schultern. Das zweite Kind streckt seine Arme nach hinten und reicht sie dem dritten Kind, das in die gleiche Richtung wie das zweite Kind blickt.

Los gehts:

Alle Gruppen setzen sich nun langsam in Blickrichtung des „Schlangenkopfes" in Bewegung und passen auf, dass sie nicht zusammenstoßen. Der „Schlangenkopf" bestimmt durch leichten Druck auf die Schultern des Vordermanns die Bewegungsrichtung der Gruppe.

Nach einiger Zeit werden die Rollen getauscht, sodass jedes Kind jede Position einnimmt.

Variante: Fangspiel

Eine Dreiergruppe wird zur „Fängerschlange" ernannt. Der „Schlangenkopf" versucht, den „Schlangenkörper" so zu steuern, dass das hinterste, dritte Kind auf eine andere Schlange stößt. Die anderen Schlangen versuchen natürlich, der „Fängerschlange" auszuweichen. Ist eine andere Schlange in die unmittelbare Nähe des dritten Kindes gerückt, ruft der „Schlangenkopf": „Schnapp zu!" Daraufhin löst das dritte Kind schnell die Hände vom zweiten Kind und versucht, die fremde Schlange zu schnappen. Konnten die Hände die fremde Schlange berühren, so wird diese Schlange zur neuen „Fängerschlange".

Tipp:
Beim Umhergehen ohne Fangen können die Schlangen natürlich auch länger sein. Das Fangspiel kann aber auch in Zweiergruppen gespielt werden.

Hallo, ich grüße dich!

Spielart: Bewegungsspiel

Teilnehmerzahl: ab 6

Vorbereitung:

Besprechen Sie mit den Kindern zunächst, wie sich die Menschen bei uns begrüßen. Will man einen Menschen aus der Ferne grüßen, kann man ihm zuwinken oder mit dem Kopf nicken. Steht ein Mensch gegenüber, gibt man ihm die Hand oder klopft ihm auf die Schulter. Ist uns ein Mensch sehr vertraut, so können wir ihn umarmen.

Los gehts:

Bei diesem Spiel laufen die Kinder frei umher. Begegnen sich zwei Kinder, begrüßen sie sich auf beliebige Weise. Damit das Spiel für die Kinder abwechslungsreicher ist, gibt es noch ein paar spannende Begrüßungsrituale von Bewohnern ferner Planeten und Sterne.

1. Frühmorgens verlasst ihr das Haus, um in die Kita (die Grundschule) zu gehen. Ihr trefft viele Nachbarn auf der Straße und winkt ihnen zu.
   umherlaufen, immer mal wieder winken und „Hallo!" rufen

   Auf dem Schulweg trefft ihr einige Bekannte.
   Ihr begrüßt sie mit einem Handschlag.
   umherlaufen und immer wieder einem Kind die Hand schütteln

   In der Kita (der Grundschule) seht ihr eure Freunde.
   Ihr klopft ihnen freundschaftlich auf die Schulter.
   umherlaufen und immer wieder einem Kind auf die Schulter klopfen

2. Am Nachmittag feiert ihr euren Geburtstag. Viele Freunde und Verwandte kommen zu euch. Alle Gäste umarmen euch und wünschen euch alles Gute.
   umherlaufen, immer wieder ein Kind umarmen, gegenseitig zum Geburtstag gratulieren

Hallo, ich grüße dich!

3. Abends dürft ihr einen Film über ferne Planeten und Außerirdische ansehen. Dort begrüßen sich auch die Bewohner. Wollt ihr wissen, wie?
Antworten der Kinder abwarten

Auf dem fernen Planeten „Huppsala" reiben sich die Bewohner die Köpfe aneinander.
umherlaufen und sich gegenseitig die Köpfe aneinanderreiben

Auf dem goldenen Stern „Krumbadum" wackeln die Bewohner mit ihrem ganzen Körper.
umherlaufen, sich gegenüberstellen und mit dem ganzen Körper wackeln

4. Auf dem Planeten „Bumbasa" sind die Bewohner besonders frech. Sie klopfen dem anderen bei jeder Begegnung einmal kurz auf den Po.
umherlaufen und immer wieder einem Kind leicht auf den Po klopfen

Auf dem schwarzen Planeten „Muffelio" sind die Bewohner sehr mürrisch. Sie blicken ganz finster drein und begrüßen sich gar nicht.
mit finsterem Blick und steifem Gang aneinander vorbeigehen

Auf dem silbernen Stern „Argentum" schneiden die Bewohner bei der Begrüßung seltsame Grimassen.
umherlaufen, vor einem Kind stehen bleiben und lustige Grimassen schneiden

Hallo, ich grüße dich!

5. Habt ihr selbst noch Ideen, wie sich Lebewesen begrüßen könnten? Welche Begrüßungsart gefällt euch am besten?
Antworten der Kinder abwarten

Weitere Ideen, wie sich die Kinder begrüßen könnten:

- mit den Füßen stampfen
- den Mund öffnen und schließen
- schnell die Schultern hochziehen und wieder senken
- die Zunge rausstrecken
- die Hände fassen und 3-mal hochspringen, im Kreis springen
- sich Rücken an Rücken stellen und den Oberkörper vor- und zurückbeugen
- zu beiden Seiten hin- und herschwanken
- sich gegenseitig auf die Hände klatschen
- sich gegenseitig an die Nase tippen
- sich voreinander verbeugen
- sich hinknien und an den Ohren ziehen

Variante: Begrüßungs-Gangart

Erweitern Sie das Begrüßungsspiel um eine spezielle „Gangart“: Auf manchen Planeten oder Sternen laufen die Bewohner ...

- rückwärts oder seitwärts
- gebeugt
- auf den Zehenspitzen
- auf den Fersen
- sehr langsam oder sehr schnell
- mit großen oder mit kleinen Schritten

Tipp:
Dieses Spiel ist nicht nur zum Begrüßen, sondern auch zum Verabschieden gut geeignet. Wenn Sie möchten, können Sie den Text weglassen und stattdessen den Kindern während des Laufens einfach nur zurufen: „Alle Kinder winken sich zu!“ oder „Schneidet Grimassen, wenn ihr euch begegnet!“.

Eine Statue nachbilden

Spielart: Sinnesspiel

Teilnehmerzahl: ab 3

Material: evtl. Augenbinde (z.B. Stirnband oder Schal)

Vorbereitung:

Besprechen Sie mit den Kindern einige Möglichkeiten, auf welche Weise man stehen kann. Die Kinder können sich dabei vorstellen, sie wären berühmte Statuen auf einem großen Platz. Hier einige Beispiele:

Beine:

gegrätscht, geschlossen, Ausfallschritt, überkreuzt, auf einem Bein stehen, in die Knie gehen

Füße:

zeigen nach vorn, sind zueinandergedreht, zeigen nach außen

Beide Arme:

am Oberkörper angelegt, nach oben oder seitlich gestreckt, angewinkelt, Hände auf dem Po oder Kopf abgelegt, Oberarme seitlich und Unterarme klappen nach unten, Arme in den Hüften abgestützt, Arme hinter sich strecken, Hände berühren das Gesicht

Rechter und linker Arm nehmen eine unterschiedliche Position ein:
ein Arm nach oben und der andere zur Seite, ein Arm angewinkelt und der andere gestreckt, eine Hand berührt die Hüfte und die andere den Kopf

Hände:

geöffnet, zur Faust geschlossen, Finger auseinandergespreizt, Handflächen zeigen nach oben, Handflächen zeigen nach unten

Eine Statue nachbilden

Oberkörper:
gerade, nach vorn gebeugt, zu einer Seite geneigt

Los gehts:
Die Kinder bilden Zweiergruppen. Einem Kind werden die Augen verbunden, das andere Kind nimmt eine beliebige Körperstellung als Statue ein. Anfangs ist es sinnvoll, mit einfachen Stellungen zu beginnen (z.B. Beine gegrätscht, beide Arme nach oben).
Das blinde Kind entlastest nun mit den Händen den Körper der „Statue". Zuerst über den Kopf, dann über die Arme, den Rücken, die Beine und die Füße.

Es versucht, sich die Haltung der Statue genau zu merken. Wenn erforderlich, fühlt es ein zweites Mal. Nun versucht das blinde Kind, die Stellung der Statue nachzumachen. Ist es fertig, nimmt es die Augenbinde ab. Der große Augenblick ist gekommen: Gleichen sich die beiden Statuen? Wo gibt es Unterschiede?

Bei etwas jüngeren Kindern können Sie auch ein drittes Kind das blinde Kind führen lassen.

Urwaldführung

Spielart: Sinnesspiel

Teilnehmerzahl: ab 2

Material: Augenbinden (z.B. Stirnband oder Schal)

Vorbereitung:

Zwei Kinder finden sich zu Paaren zusammen. Einem Kind werden die Augen verbunden. Das sehende Kind führt in dieser Bewegungsgeschichte das blinde Kind durch den „Urwald". Dieses vertraut sich der Führung des sehenden Kindes an.

Los gehts:

1. Wir befinden uns mitten im Urwald. Vögel zwitschern, Schlangen zischeln, Tiger brüllen, und Hunderte von Mücken schwirren umher.
   wie Vögel zwitschern, wie Schlangen zischeln, wie Tiger brüllen, surrende Laute von sich geben, dabei mit den Händen um sich wirbeln

   Nun beginnt unsere Wanderung. Wir laufen einen schmalen Pfad entlang.
   Das sehende Kind fasst eine Hand des blinden Kindes, beide laufen einige Schritte vorwärts.

   Viele herabhängende Zweige stehen im Weg. Wir müssen uns bücken, um weiterzukommen.
   gebückt einige Schritte gehen

2. Wir können uns wieder aufrichten. Mit großen Schritten stapfen wir voran. Oh je! Wir haben uns verlaufen. Wir müssen zurück.
   große Schritte ausführen, rückwärtsgehen

   Jetzt befinden wir uns wieder auf dem richtigen Weg. Doch seht! Fünf Schlangen liegen auf dem Boden. Ganz vorsichtig steigen wir darüber. Puh, geschafft!
   Füße abwechselnd möglichst hoch nach oben führen, bei jedem Schritt zählen (bis 5)

Urwaldführung

3. Vor uns liegt ein großer Berg. Nur eine enge Felsspalte führt hindurch.
mit dem Partner Rücken an Rücken stellen und seitlich gehen

Die Felsspalte wird immer niedriger. Wir müssen krabbeln. Ein Glück, der Fels ist endlich zu Ende!
in den Vierfüßlerstand gehen, das sehende fasst das blinde Kind an den Knöcheln, einige Schritte gemeinsam vorwärts krabbeln

4. Neben uns plätschert ein Wasserfall. Wir springen hinein und planschen fröhlich im Wasser.
springen, auf den Rücken legen, Schwimmbewegungen mit Armen und Beinen machen

Jetzt sind wir sehr müde geworden. Wir legen uns ins weiche Gras.
Das blinde Kind legt sich auf den Bauch, das sehende kniet daneben.

Ein paar Ameisen krabbeln über uns. Die Sonne kommt zwischen den Bäumen hervor und erwärmt unseren Körper. Wie schön!
Das sehende Kind krabbelt dem Partner mit dem Finger über den Rücken, dann streicht es mit den flachen Händen über den Körper, kurz still sein.

5. Auf einmal hören wir Trommelschläge. Die Eingeborenen sind gekommen. Sie trommeln und tanzen plötzlich direkt um uns herum.
mit den Füßen trommeln, klatschen oder „Bumm, bumm!" rufen

Langsam richten wir uns auf, fassen uns an den Händen und tanzen fröhlich mit. Glück gehabt – die Eingeborenen sind freundlich.
miteinander tanzen, jetzt die Augenbinde abnehmen

Tipp:
Führen Sie die Bewegungsgeschichte vor allem mit jüngeren Kindern erst einmal sehend durch. Wenn einem Kind das „Blindsein" unangenehm wird, so kann es die Augenbinde natürlich schon vorher abnehmen, z.B. beim Wasserplanschen.

Die hungrige Raupe

Spielart:	Sinnesspiel
Teilnehmerzahl:	ab 4
Material:	Augenbinden (z.B. Stirnbänder oder Schals)

Vorbereitung:

Zwei Kinder spielen gemeinsam eine Raupe. Sie begeben sich hintereinander in den Vierfüßlerstand. Das hintere Kind fasst dem vorderen Kind an die Knöchel. Beiden Kindern werden nun die Augen verbunden.

Jeweils zwei Kinder bilden ein Blatt. Sie legen sich auf den Rücken gegenüber, heben ihre Beine gestreckt nach oben und legen ihre Füße aneinander.

Alle „Blätter" sprechen folgenden Spruch:
„Friss dich durch unser Blatt, dann wirst du auch schön satt!"

Los gehts:

Die Raupe setzt sich in Bewegung und versucht, ein Blatt zu finden. Hat sie eines gefunden, so frisst sie sich durch das Blatt, indem sie durch die Beine der Kinder hindurchkrabbelt. Dabei macht sie natürlich Mampfgeräusche. Hat die Raupe Schwierigkeiten, ein Blatt zu finden, so kann das am nächsten liegende „Blatt" den obigen Spruch sprechen. Durch diese akustische Hilfestellung fällt es der Raupe leichter, das Blatt zu finden.

Die hungrige Raupe

Variante 1: Die Richtung spüren

Nur dem vorderen Kind werden die Augen verbunden, das hintere Kind sieht die Blätter und kann Anweisungen durch Knöcheldruck geben:

Beide Knöchel leicht drücken bedeutet: „Gehe geradeaus."
Rechten Knöchel leicht drücken bedeutet: „Gehe nach rechts."
Linken Knöchel leicht drücken bedeutet: „Gehe nach links."

Variante 2: Reihenfolge beachten

Die „Blätter" müssen in einer bestimmten Reihenfolge „durchfressen" werden. Die Kinder, die das erste zu durchquerende Blatt darstellen, sprechen den obigen Spruch. Hat die Raupe das erste Blatt gefunden, so sucht sie das zweite Blatt. Die Kinder dieses Blattes sprechen dann ebenfalls den obigen Spruch.

Tipp:
Wie viele Kinder als Blätter am Spiel teilnehmen, hängt von der Geschicklichkeit der Kinder ab. Dauert die Suche länger, so reichen ein oder zwei „Blätter", findet die „Raupe" sehr schnell die Blätter, so können es auch mehrere sein.

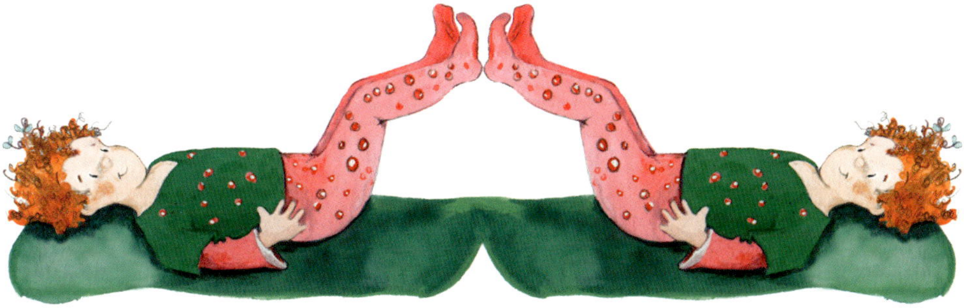

Blindenhunde entlaufen!

Spielart: Sinnesspiel

Teilnehmerzahl: ab 8

Material: Augenbinden (z.B. Stirnbänder oder Schals)

Vorbereitung:

Sprechen Sie zunächst mit den Kindern über Blindenhunde und welche Hilfe sie für die Menschen darstellen. Dann erzählen Sie:

„An Silvester treffen sich einige blinde Menschen, um gemeinsam zu feiern. Alle haben ihre Blindenhunde dabei. Um Mitternacht gehen alle hinaus in den Garten. Viele Feuerwerkskörper werden von den Nachbarn entzündet. Es ist sehr laut, doch die Hunde stört dies nicht. Doch auf einmal landen einige Knallfrösche im Garten. Sie knallen ganz laut neben den Hunden. Die Hunde erschrecken sich so sehr, dass sie durch das Gartentürchen wegrennen. Die Hundebesitzer rufen nach ihren Hunden und versuchen, sie wiederzufinden."

Los gehts:

Die Kinder teilen sich in Hundebesitzer und Hunde. Den Hundebesitzern werden die Augen verbunden. Immer ein Hund geht zu seinem Herrchen. Die Herrchen streicheln und umarmen ihre Hunde und kraulen den Kopf.

Die Hunde können bellen, ihre Köpfe an ihrem Herrchen reiben oder auch Pfötchen geben. Nach einer Weile spielen Sie oder ein Kind die Knallfrösche, rufen laut „Peng, peng!" und hüpfen dabei umher.
Die Hunde erschrecken sich und laufen von ihrem Besitzer weg. Sie verteilen sich nun quer durch den Raum.

Nun versuchen die blinden Besitzer, ihre Hunde zu finden. Aufgabe für alle Hundebesitzer ist es, ihren Hund durch Streicheln, Pfötchengeben etc. wiederzufinden.

Tipp:
Die Hunde dürfen zwar typische Laute von sich geben, dürfen aber nicht sprechen, da sonst der Hund leicht vom Besitzer an seiner Stimme erkannt wird.

Füße fühlen den Boden

Spielart: Sinnesspiel

Teilnehmerzahl: ab 4

Material: verschiedene Gegenstände wie Säckchen, einzelne Gummibärchen, Zapfen, Handschuhe, Stirnbänder, flache Steine, Stifte; Augenbinden (z.B. Stirnbänder oder Schals)

Vorbereitung:

Zunächst ziehen alle Kinder die Schuhe aus und legen die Gegenstände verteilt auf den Boden. Die Kinder bilden Zweier- oder Dreiergruppen, legen sich die Augenbinden um und reichen sich nebeneinander stehend die Hände.

Los gehts:

Aufgabe ist es für jede Gruppe nun, mit den Füßen die ausgelegten Gegenstände zu finden. Hat ein Kind einer Gruppe einen Gegenstand am Boden ertastet, so muss es mit den Füßen erfühlen, um welchen Gegenstand es sich handelt. Auch das zweite und dritte Kind der Gruppe erfühlt den Gegenstand und rät, um was es sich handelt.

Haben mindestens zwei Kinder richtig geraten, erhält die Gruppe einen Punkt.

Tipp:
Soll das Finden der Gegenstände im Vordergrund stehen, so verteilen Sie die Gegenstände im größeren Abstand. Soll dagegen das Raten der Schwerpunkt des Spiels sein, verteilen Sie die Gegenstände in kleinerem Abstand zueinander.

Kopf auf Fuß, Hand aufs Knie

Spielart: Geschicklichkeitsspiel

Teilnehmerzahl: ab 3

Material: für jede Anweisung ein Bildkärtchen (s. S. 46)

Vorbereitung:

Dieses Spiel wird in Dreiergruppen durchgeführt. Dabei nehmen immer zwei Kinder die beschriebenen Körperhaltungen ein, ein drittes Kind hält einen Stapel Bildkärtchen in der Hand.

Vergrößern Sie die Vorlage auf S. 46 am Kopierer auf DIN A3, kopieren sie mehrmals, und lassen Sie die Kinder die Körperteil-Kärtchen ausschneiden.

Um die Kärtchen haltbarer zu machen, könnten Sie sie laminieren oder auf Pappe aufkleben. Vermischen Sie alle Kärtchen und legen sie umgedreht auf einen Stapel.

Los gehts:

Zunächst zeigen Sie an zwei Kindern den Ablauf des Spiels. Ein Kind zieht 2 Kärtchen vom verdeckten Stapel. Darauf sind z.B. eine Hand und ein Kopf abgebildet. Das Kind legt nun seine Hand auf den Kopf des Partners.

Jetzt zieht das andere Kind 2 Kärtchen. Auf diesen sind z.B. zwei Füße abgebildet. Nun muss ein Kind seinen Fuß auf den Fuß des Partners stellen. Ist es den Kindern nicht mehr möglich, eine weitere Stellung einzunehmen, so kann ein neues Kärtchen gezogen werden.

Wie viele neue Positionen können die Kinder einnehmen, ohne die alten Positionen aufzugeben?

Wissen die Kinder, wie das Spiel funktioniert, bilden sie Dreiergruppen. Zwei Kinder nehmen die Positionen ein, das dritte Kind ist das Helferkind und zieht die Kärtchen vom Stapel und zeigt sie den anderen beiden.

Kopf auf Fuß, Hand aufs Knie

Die Runde ist zu Ende, wenn die beiden Kinder kein Körperteil mehr frei haben bzw. keine neue Position mehr möglich ist.

Variante 1: Kärtchen einklemmen

Die Kärtchen werden zwischen den Körperteilen eingeklemmt. Bei der Anweisung „Hand auf Schulter" liegt dann das Kärtchen zwischen der Hand und der Schulter. Sobald ein Kärtchen herunterfällt, ist das Spiel beendet. Sieger ist, wer die meisten Kärtchen einklemmen konnte.

Variante 2: Verknoten nach Wahl

Das Spiel wird ohne Kärtchen gespielt. Die Kinder können frei entscheiden, welche Positionen sie einnehmen wollen. Wie viele werden sie schaffen?

Tipp:
Falls es für das Einnehmen der Positionen vorteilhaft ist, können sich die Kinder auch auf den Boden legen oder hocken.

Flugzeuge landen

Spielart: Geschicklichkeitsspiel

Teilnehmerzahl: beliebig

Vorbereitung:

Besprechen Sie mit den Kindern, welche Arten von Flugzeugen sie kennen. Die Kinder sollen sich nun vorstellen, dass ihre Finger verschiedene Flugzeuge darstellen. Ordnen Sie nun den einzelnen Fingern ganz bestimmte Flugzeuge zu. Beispiele:

Kleiner Finger → Segelflugzeug
Ringfinger → Kampfjet
Mittelfinger → Transportflugzeug
Zeigefinger → Passagierflugzeug
Daumen → Hubschrauber

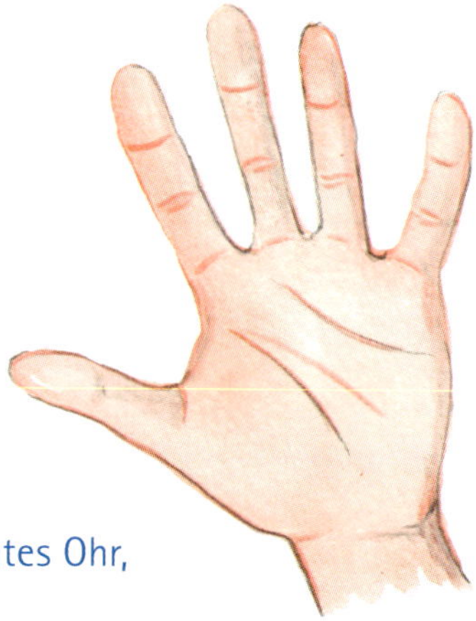

Die Körperteile der Kinder stellen die Flugziele dar, auf denen die Flugzeuge landen:

Kopf: Stirn, linke/rechte Augenbraue, linkes/rechtes Ohr, linke/rechte Wange, Oberlippe, Unterlippe, Kinn

Arme: Schulter, Achselhöhle, Ellbogen, Handgelenk, einzelne Finger, Fingernägel

Bauch: Bauchnabel

Beine: linker/rechter Oberschenkel, Kniescheibe, Kniekehle, linke/rechte Wade, linkes/rechtes Schienbein, linker/rechter Knöchel, Ferse, einzelne Zehen, Zehennägel

Die genannten Flugziele können Länder, Erdteile, Städte oder Landschaften sein, wie z.B. Mexiko, Afrika, Paris, Wüste, Nordpol ...

Los gehts:

Nun starten die Flugzeuge. Erzählen Sie beispielsweise:
„Das Passagierflugzeug 815 (Zeigefinger heben) fliegt nach Afrika. Afrika befindet sich auf eurer Nase."

Flugzeuge landen

Nun versuchen die Kinder mit geschlossenen Augen, den Zeigefinger zur Nase zu führen.
„Habt ihr das Flugziel erreicht? Landet auch das kleine Segelflugzeug in Afrika?" Die Kinder versuchen nun, den kleinen Finger zur Nase zu bringen.

Durch die Kombination der fünf Flugzeuge mit den vielen Flugzielen ergeben sich unzählige Variationen des Spiels. Nicht alles ist so leicht wie die Landung auf der Nase. Versuchen Sie doch mal, mit dem Ringfinger den kleinen Zehennagel zu treffen – mit geschlossenen Augen.

Variante: Der Fluglotse

Zwei Kinder sitzen oder stehen sich gegenüber. Eines spielt mit einem Finger das Flugzeug, das andere Kind stellt mit einem Körperteil das Flugziel dar. Letzteres gibt den Flug vor und sagt z.B.:
„Fliege mit dem Transportflugzeug nach Köln (Knie)." Der kleine Pilot versucht, sich die Flugstrecke und das Flugziel (Knie) einzuprägen.
Nun schließt er die Augen und landet mit seinem Mittelfinger auf dem Knie des anderen Kindes.

Tipp:
Üben Sie mit jüngeren Kindern erst mit geöffneten Augen. Das Spiel kann auch ohne bestimmte Flugzeuge oder Flugziele durchgeführt werden. Sie geben dann einfach nur die Anweisung: „Linker kleiner Finger berührt rechten großen Zeh" oder „Mittelfinger berührt Bauchnabel".

Ameisen krabbeln über mich

Spielart: Geschicklichkeitsspiel

Teilnehmerzahl: ab 2

Los gehts:

Je zwei Kinder finden sich zusammen und stehen hintereinander.
Das hintere Kind krabbelt mit seinen Fingern, den Ameisen, über Kopf, Arme, Rücken, Beine und Füße des Partners.

Nach einiger Zeit rufen Sie: „Alle Ameisen bleiben stehen!"
Daraufhin hören alle Kinder auf, ihre Finger zu bewegen. Nun kommt es darauf an, auf welchem Körperteil die Ameisen stehen geblieben sind.

Sind die „Ameisen" bei dem Partner auf dem Rücken stehen geblieben, so führen nun beide Kinder ihre Rücken zusammen und versuchen, auf unterschiedliche Weise ihre Körper zu bewegen.

Sind die „Ameisen" bei einem anderen Paar auf den Beinen gelandet, so berühren sich die Beine der Partner gegenseitig. Die Kinder probieren nun aus, welche Bewegungsmöglichkeiten es in dieser Stellung gibt. Anschließend beginnt eine neue „Ameisenkrabbelrunde".

Einige Beispiele für Bewegungsmöglichkeiten:

Kopf an Kopf:

Köpfe nach links und rechts neigen, Köpfe aneinanderreiben, zu beiden Seiten schwingen, Oberkörper kreisen

Ameisen krabbeln über mich

Rücken an Rücken:
in die Knie gehen und wieder aufrichten, seitlich gehen, seitlich beugen, vor- und zurückbeugen, Rücken aneinanderreiben

Arm an Arm, Hand an Hand:
zu allen Seiten schwingen, kreisen, hoch- und tiefführen, Unterarme anwinkeln

Po an Po:
mit der Hüfte kreisen, vor- und zurückschwingen, vorwärts- und rückwärtsgehen, Po schütteln

Bein an Bein, Fuß an Fuß:
zu allen Seiten schwingen, kreisen, Füße nach oben und unten führen, vorwärts- und rückwärtslaufen, mit dem freien Bein hüpfen

Variante 1: Alle Körperteile bewegen sich

Alle Körperteile dürfen sich bewegen, nur die zusammengeführten nicht.

Variante 2: Meine Füße krabbeln

Das Spiel findet im Sitzen statt. Die Füße spielen die Ameisen, die über den Körper krabbeln (Schuhe und Socken ausziehen). Die anschließenden Bewegungen führen die Paare dann im Sitzen aus.

Dem anderen auf die Füße steigen

Spielart: Geschicklichkeitsspiel

Teilnehmerzahl: ab 2

Los gehts:
Jeweils ungefähr gleich schwere Kinder finden sich zu Paaren zusammen.
Ein Kind steigt dem anderen ohne Schuhe auf die Füße. Nun sollen beide Kinder ausprobieren, welche Bewegungen dabei möglich sind.
Sie laufen z.B. vorwärts, rückwärts, seitwärts, nehmen ihre Füße wie ein Storch hoch, schwingen ein Fußpaar vor und zurück oder schwanken nach links und rechts. Anschließend erfolgt ein Rollentausch.
Wer Lust hat, kann auf folgende Reime verschiedene Bewegungen ausführen:

1. Die Schnecke:

Ganz langsam kriecht die Schnecke aus der Hecke.
langsam in eine Richtung laufen

Sie läuft über Stock und über Stein,
dann frisst sie Blätter, ach, wie schmeckt das fein!
Füße abwechselnd möglichst hoch führen, schmatzen

Plötzlich dreht sich die Schnecke um. Krabbelt dort ein Igel?
im Halbkreis drehen

Oh ja, ein Igel! Schnell kriecht sie weg, auf den nächsten Hügel.
so schnell laufen wie möglich

2. Ein kleiner Zwerg:
Ein kleiner, süßer Zwerg steigt hoch auf einen Berg.
in eine Richtung laufen

Mit großen Schritten stapft er voran, bis er kaum mehr laufen kann.
möglichst große Schritte machen

Oben auf dem Berg schaut er sich um.
Eine tolle Aussicht um ihn herum.
einmal im Kreis drehen

Dem anderen auf die Füße steigen

Fröhlich und munter steigt er wieder den Berg hinunter.
in die andere Richtung laufen

Hurra, der kleine Zwerg hat es geschafft!
Jetzt will er schaukeln die ganze Nacht.
nach links und rechts schwanken, dabei ein Fußpaar jeweils anheben

Tipp:
Das Kind, das seine Füße oben hat, darf sich natürlich nicht „schwer machen“, sondern es muss durch eigenes aktives Anheben der Füße mithelfen.

Eisbären auf Eisschollen

Spielart:	Geschicklichkeitsspiel
Teilnehmerzahl:	ab 2
Material:	pro Teilnehmer etwa 20 farbige Notizblock-Blätter (z.B. gelb, rot, grün), kleine Gegenstände als Fische (z.B. Stifte)

Vorbereitung:

Verteilen Sie die Blätter in einigen Abstand auf dem Boden. Die Farben sind gut durchmischt. Welchen Abstand Sie wählen, hängt von der Beinlänge der Kinder ab. Die Blätter stellen Eisschollen am Nordpol dar, der Raum dazwischen eisiges Wasser. Die Kinder spielen kleine Eisbären, die sehr verspielt sind. Die Kinder probieren aus, wie sie über die Eisschollen das Wasser überqueren können, ohne ins Wasser zu fallen.

Los gehts:

1. Der Eisbär möchte seinen Lebensraum erkunden. Er springt kreuz und quer von Eisscholle zu Eisscholle. Viele andere junge Eisbären sind auch unterwegs. Sie müssen aufpassen, dass sie nicht zusammenstoßen.
   beliebig von Blatt zu Blatt springen, dabei den anderen Kindern ausweichen

   Der Eisbär versucht, rückwärts über das Wasser zu laufen.
   rückwärts von Blatt zu Blatt springen

2. Oh, oh! Manche Eisschollen schmelzen langsam. Die gelben Eisschollen sind noch am dicksten, deshalb steigt der Eisbär nur auf diese.
   beim Laufen nur auf die gelben Blätter steigen

   Die roten Eisplatten sind so dünn geworden, dass der Eisbär ins Wasser einbrechen würde, deshalb steigt er nicht auf die roten.
   beim Laufen nicht die roten Blätter benutzen, alle anderen Farben schon

Eisbären auf Eisschollen

3. Der Eisbär läuft auf allen vieren. Zuerst läuft er vorwärts, danach möchte er rückwärtslaufen.
auf Händen und Füßen von Blatt zu Blatt laufen, zunächst vorwärts, dann rückwärts

Der arme Eisbär hat an einer scharfen Eisscholle seine linke Vorderpfote verletzt. Er benutzt nur noch drei Beine.
weiter über die Blätter krabbeln, aber ohne die linke Hand aufzusetzen

4. Jetzt tut dem Eisbär die rechte Vorderpfote auch weh. Er beschließt, nur noch auf den Hinterbeinen zu laufen. Das klappt richtig gut. Vor Freude springt er auf einem Bein von Scholle zu Scholle. Zwischendurch wechselt er das Bein.
wieder aufrichten, auf einem Bein von Blatt zu Blatt springen, nach ein paar Sprüngen das Bein wechseln

Jetzt möchte der kleine Eisbär ein lustiges Spiel spielen. Mit dem rechten Bein springt er nur noch auf grüne Schollen, mit dem linken Bein nur noch auf gelbe Schollen. Die roten Schollen sind schon geschmolzen.
mit rechts auf Grün, mit links auf Gelb springen, Rot ausweichen

5. Der Eisbär wird von der Sonne geblendet. Immer wieder schließt er seine Augen. Wenn er nicht aufpasst, fällt er ins Wasser hinein.
mit geöffneten Augen den Ort eines Papiers sich kurz einprägen, Augen schließen, einen Schritt ausführen und kontrollieren, ob der Fuß auf dem Papier gelandet ist

Der Eisbär ist hungrig. Von einigen Eisplatten aus schnappt er sich Fische.
Während des Spiels der Kinder Gegenstände neben einige Blätter legen, die Kinder laufen oder springen zur Eisplatte und heben mit der Hand, auf einem Bein stehend, den „Fisch“ auf.

Eisbären auf Eisschollen

6. Der kleine Eisbär trifft einen anderen Eisbären. Sie wollen gemeinsam das Wasser überqueren.
Zwei Kinder stehen dicht hintereinander, das hintere Kind hält sich am vorderen fest, sie laufen im Gleichschritt über die Blätter.

Zum Schluss fahren die beiden Eisbären zusammen Schlittschuh.
Jeder Eisbär stellt sich mit einem Fuß auf eine kleine Eisscholle und gleitet darauf über das Meer.
zu zweit gegenüberstellen und an den Händen halten, jeder Fuß auf einem Blatt, auf den Blättern durch den Raum rutschen

Jetzt sind alle Eisschollen geschmolzen und die Eisbären müssen leider wieder zum Festland schwimmen.
Die Kinder sammeln schnell alle Blätter auf.

Eisbären auf Eisschollen

Variante: Eisbären springen, Robben schwimmen

Legen Sie zur Vorbereitung 20 Papierblätter als Eisschollen in einer Reihe auf den Boden. Der Abstand zwischen den „Eisschollen" beträgt eine gute Schrittlänge der Kinder. Bei 50 cm Abstand ist die Gesamtlänge der Eisschollenstraße etwa 10 Meter. Nun legen Sie eine zweite Reihe aus 20 Papierblättern in etwa 1 m Abstand daneben.
Die Eisschollen können auch Platz sparend im Kreis gelegt werden.
Auf jeder Reihe springt ein Kind als Eisbär.

Erzählen Sie:

„Zwei kleine Eisbären springen fröhlich über Eisschollen, als sie plötzlich in einigen Metern Entfernung zwei Robben entdecken. Diese bemerken die beiden Eisbären, springen ins Wasser und schwimmen schnell davon. Die Eisbären möchten die Robben natürlich unbedingt einholen."

Zwei Kinder spielen die Eisbären die anderen beiden Kinder die Robben.
Die Robben stellen sich neben die 10. Eisscholle, die Eisbären vor die 1. Eisscholle. Sowohl die Eisbären, als auch die Robben halten sich an den Händen. Nach dem Startzeichen springen die Eisbären von Eisscholle zu Eisscholle, während die Robben „schwimmen", indem sie im Slalom um die „Eisschollen" herumlaufen. Werden die Eisbären es schaffen, die Robben zu fangen, bevor sie in Sicherheit sind (wenn sie hinter der 20. Eisscholle angekommen sind)?

Tipp:
Testen Sie am besten selbst, wie viel Vorsprung die Robben brauchen, damit das Spiel spannend bleibt.

Eine Botschaft fühlen

Spielart: Ratespiel

Teilnehmerzahl: ab 4

Los gehts:
Die Kinder sitzen in einer langen Reihe hintereinander. Das hinterste Kind teilt dem vorderen Kind durch Berührung des Rückens eine Botschaft mit. Hier einige Beispiele:

Einfache Botschaften:
- **Regen:** mit den Fingern auf den Rücken trommeln
- **Sonne:** großer Kreis, mit einigen Strichen als Strahlen
- **Sturm:** an die Schultern fassen, nach links und rechts schaukeln
- **Sanfter Wind:** mit den Fingerspitzen über den Rücken streichen und dabei sanft in den Nacken pusten
- **Wasserfall:** mit den flachen Händen über den Rücken streichen
- **Käfer:** mit den Fingern über den Rücken laufen
- **Katzenkrallen schärfen:** mit den Fingernägeln über den Rücken kratzen
- **Meereswellen:** wellenförmige Linien zeichnen

Nachdem das vordere Kind die Berührung gespürt hat, gibt es die Berührung an das vor ihm sitzende Kind weiter. Auch dieses Kind gibt sie an den Vordermann weiter. Ist die Botschaft beim vordersten Kind angekommen, so steht dieses auf, setzt sich hinter das hinterste Kind (das sich die Botschaft ausgedacht hat) und führt die Berührung bei ihm aus. Ist die ursprüngliche Botschaft erhalten geblieben?

Wenn nicht, sollen die Kinder erzählen, was sie gespürt haben und was sie selbst weitergegeben haben.

Tipp:
Wählen Sie bei jüngeren Kindern wenige und einfache Beispiele, die sich deutlich voneinander unterscheiden, aus. Bei älteren Kindern können Sie schwierige und ähnliche Botschaften wählen. Es können auch zwei Botschaften hintereinander weitergegeben werden.

Gib mir dein Bein!

Spielart: Ratespiel

Teilnehmerzahl: ab 3

Material: Augenbinde (z.B. Stirnband oder Schal)

Los gehts:

Zwei Kinder (A und B) sitzen einem Kind mit Augenbinde (dem Ratekind) gegenüber. A und B machen untereinander durch Handzeichen aus, wer von ihnen durch das Ratekind erkannt werden muss (z.B. Kind A). Das blinde Kind nennt nun ein Körperteil (z.B. Hand, Arm, Schulter, Rücken, Bein, Fuß, Haare, Gesicht), das ihm entgegengestreckt werden soll, und sagt z.B.: „Gib mir deinen Arm."

Kind A gibt nun dem Ratekind seinen Arm zum Abtasten. Anschließend verlangt das Ratekind einen weiteren Körperteil und sagt z.B.: „Gib mir deinen Fuß." Kind A gibt dem Ratekind seinen Fuß zum Fühlen. Das Ratekind darf 5 Körperteile abtasten.

Aufgabe von Kind B ist es, während des Spiels ein einziges Mal ein Körperteil von sich selbst dem Ratekind zu geben, um dieses in die Irre zu führen. B kann dies gleich am Anfang, in der Mitte oder am Ende des Spiels tun. Durch das Irreführen wird das Raten nicht zu einfach, da z.B. Haare oder das Gesicht leichte Erkennungsmerkmale sind.

Hörst du die Kätzchen toben?

Spielart: Ratespiel

Teilnehmerzahl: ab 3

Los gehts:

Stellen Sie den Kindern die folgenden 10 Bewegungen mit den verbundenen Geräuschen vor, die die Kätzchen machen sollen.

Zwei Kinder stellen Katzenjungen dar, die miteinander spielen (schleichen, springen, rennen, kratzen ...). Ein Kind bekommt die Augen verbunden und muss erraten, was die beiden Kätzchen gerade machen.

Während der Ausführung muss es sehr still sein, da die Geräusche oft sehr ähnlich sind.

1. Anschleichen:

sich gegenseitig auf allen vieren hinterherschleichen

2. Rennen:

auf allen vieren umherrennen, eine Katze fängt dabei die andere

3. Springen:

aus dem Vierfüßlerstand kleine Sprünge ausführen

4. Streiten ohne Körperkontakt:

fauchen und drohen, ohne sich zu berühren

5. Wasser schlecken:

Schlürfgeräusche machen

6. Futter fressen:

Zähne leicht aufeinanderschlagen, Fressgeräusche machen

Hörst du die Kätzchen toben?

7. Am Boden wälzen:
auf dem gerundeten Rücken nach links und rechts rollen

8. Eine Katze schlägt die andere mit ihrer Pfote:
dem Partner mit der Handfläche leicht aufs Bein, den Arm oder den Rücken schlagen

9. Eine Katze kratzt die andere mit ihrer Kralle:
mit den Fingernägeln durch die Kleidung über Arme, Beine oder den Rücken kratzen

10. Ein Katze zupft am Körper der anderen Katze:
mit Daumen und Zeigefinger am Körper des Partners (über der Kleidung) zupfen

Tipp:
Wählen Sie zum Einstimmen zunächst leichter zu erratende Geräusche wie die Beispiele 1–6. Als kurze Vorübung für die schwierigeren Beispiele 7–10 können Sie selbst an ihrem eigenen Kopf, an der Hose oder an ihrer Hand zupfen, kratzen oder klopfen. Falls den Kindern das Raten leichtfällt, können die Kinder im „Katzenspiel" alle Möglichkeiten verwenden. Ansonsten beschränken Sie sich auf 4–6 einfache Geräusche. Ist sich das ratende Kind sehr unsicher, dann können Sie ihm durch Entscheidungsfragen eine Hilfestellung geben, z.B.: „Schleichen die Kätzchen am Boden, oder kratzen sich die Kätzchen gegenseitig?"
Bei den Beispielen 7–10 muss das ratende Kind sehr nahe an die beiden „Kätzchen" herankommen, um die leisen Geräusche gut hören zu können.

Was fährt über meinen Rücken?

Spielart: Ratespiel

Teilnehmerzahl: ab 2

Material: verschiedene Alltagsgegenstände (z.B. Spielzeugautos, Säckchen, Bauklötze, Tennisbälle, Spielfiguren, Stifte, Radiergummi, Lineal, Spitzer, Patronen) oder Naturmaterialien

Los gehts:

Zwei Kinder sitzen hintereinander und blicken in die gleiche Richtung.
Die Gegenstände liegen neben ihnen. Das vordere Kind (Ratekind) wählt sich einen der Gegenstände aus (z.B. ein Säckchen). Das hintere Kind streicht oder drückt mit dem ausgewählten Säckchen sanft über den Rücken. Anschließend wählt sich das Ratekind einen zweiten und dritten Gegenstand aus, die das hintere Kind ebenfalls nacheinander über den Rücken streicht oder leicht hineindrückt.

Anschließend sucht sich das hintere Kind einen der drei Gegenstände ohne Wissen des Ratekindes aus und massiert das vordere Kind damit. Dieses muss nun raten, um welchen der drei Gegenstände es sich handelt.

Variante 1: Naturmaterialien

Anstelle von Alltagsgegenständen können Sie auch Naturmaterialien verwenden, wie z.B. Blätter, Federn, Steine, Moose und Zapfen. Dabei sollte der Rücken frei sein. Wer möchte, kann sich auch über Arme, Hände oder Gesicht streichen lassen.

Variante 2: Tiere

Die Kinder stellen mit ihren Händen Tiere auf dem Rücken dar.
Elefant: mit der Faust immer wieder fest drücken
Spinne: mit den Fingern Krabbelbewegungen ausführen
Eule: mit den Fingerspitzen als spitzer Schnabel drücken

Variante 3: Verwöhnprogramm

Die Kinder dürfen ihren Lieblingsgegenstand wählen und erhalten damit eine ausführliche Massage.

Blinde Körperreise

Spielart: Ratespiel

Teilnehmerzahl: ab 4

Material: ein Bettlaken, evtl. eine Decke als Unterlage

Los gehts:

Drei Kinder legen sich, am besten mit dem Bauch nach unten, kreuz und quer auf den Boden. Anschließend breiten Sie ein Bettlaken darüber.
Damit das Raten nicht zu einfach wird, liegen einige Körperteile der Kinder übereinander (z.B. liegt der Kopf eines Kindes auf den Beinen, oder ein Arm liegt auf dem Rücken eines anderen Kindes).

Zwei andere Kinder greifen nun mit den Händen unter das Laken und beginnen eine kleine Körperreise. Sie teilen mit, was sie gerade fühlen, z.B.: „Ich fühle einen Rücken, jetzt einen Fuß und ganz viele Haare."

Nach etwa einer Minute heben Sie das Bettlaken hoch, und die Kinder können sich austauschen, ob die Ratenden richtig gefühlt haben.

Variante: Di-no, Lö-we, Ele-fant

Die Kinder führen eine Hand unter das Laken und sprechen gemeinsam den Spruch: „Di-no, Lö-we, Ele-fant – was ist das bloß in meiner Hand?"

Bei jeder Silbe klopfen sie mit ihrer Hand auf die liegenden Kinder. Bei der letzten Silbe bleibt die Hand liegen. Nun versuchen die Kinder, zu erraten, welchen Körperteil sie gerade berühren. Vielleicht können sie sogar erraten, zu welchem Kind es gehört.

Tipp:
Obwohl die Kinder auf dem Bauch liegen, kann es bei älteren Kindern wegen auftretender Schamgefühle sinnvoll sein, Jungen und Mädchen zu trennen.

Körperteil-Kärtchen

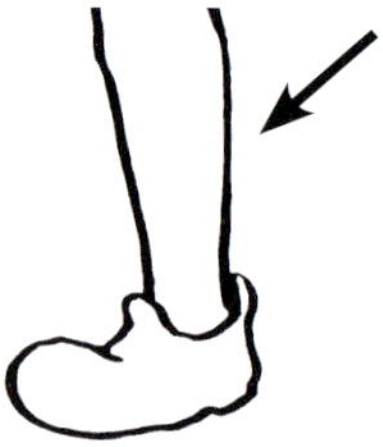

Bein

Kopf

Hand

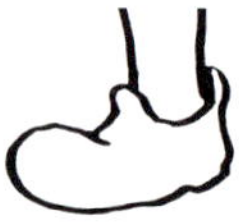

Fuß

Ellenbogen

Arm

Schulter

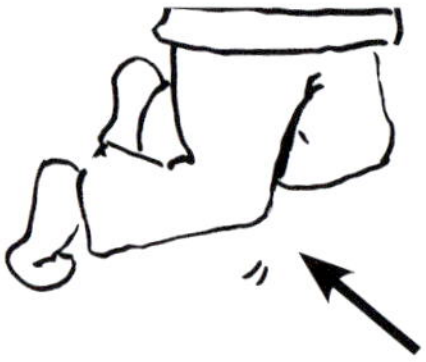

Knie

Rücken

Kapitel 1:

Körperkontaktspiele

Kapitel 2:

Massagegeschichten

Kapitel 3:

Entspannende Berührungen

Massagen vorbereiten

Da nicht alle Kinder mit Massagen vertraut sind, ist es zu Beginn sinnvoll, den Kindern die unten beschriebenen Massagetechniken zu zeigen. Hierfür legt sich ein Kind auf eine Matte oder Decke. Es können auch Tische und Bänke als Massagetische verwendet werden. Stellen Sie sich mit den anderen Kindern um das liegende Kind. Nun zeigen Sie die Berührungsmöglichkeiten. Anschließend probieren auch die Kinder die Methoden aus.

Das Wichtigste ist, dass das massierte Kind sich jederzeit wohlfühlt. Deshalb sollte es zwischendurch immer wieder gefragt werden, ob es ihm gefällt. In aller Regel wollen die meisten Kinder einmal in der Mitte liegen. Erst wenn die Kinder einige Erfahrungen mit Massagen gemacht haben und die Techniken weitgehend beherrschen, sollten Sie sie selbstständig massieren lassen.

Massagetechniken:

- **kneten:** die Muskeln mit den Fingern zusammenschieben
- **streichen:** mit der ganzen Handfläche, kräftig oder sanft
- **drücken:** mit Handfläche, Faust oder Daumen
- **zupfen:** mit Daumen und Zeigefinger oder mit allen Fingern
- **laufen:** mit allen Fingern über den Körper trippeln
- **hüpfen:** die Finger einer Hand auf- und abbewegen
- **klopfen:** mit der flachen Hand oder leicht mit der Faust auf den Körper klopfen
- **trommeln:** mit den Fingern der rechten und der linken Hand im Wechsel auf den Körper klopfen
- **kitzeln:** sanft mit Fingern über den Körper fahren

3 einfache Regeln:

- immer die Wünsche des massierten Kindes beachten
- bei Unwohlsein sofort aufhören
- keinen Druck auf die Wirbelsäule ausüben

Den Körper wach klopfen

Massageart: Selbstmassage

Massierte Körperteile: gesamter Körper

Ausgangsposition: hüftbreiter Stand oder sitzend auf einem Stuhl

Diese Klopfmassage hat ihren Ursprung in der Traditionellen Chinesischen Medizin. Schon vor mehr als 2000 Jahren erkannte man, dass eine Blockade des Energieflusses für die Entstehung von Schmerz und Krankheit von großer Bedeutung ist. Das Klopfen der Meridiane hilft, Energieblockaden zu lösen, die Energie wieder ins Fließen zu bringen und die Muskeln zu lockern. Anstelle des Klopfens können die Kinder auch mit der Hand reiben. In der Regel fühlt sich der Körper danach wärmer, belebter an, und die Kinder spüren ein leichtes Kribbeln.

Kopf und Nacken:
mit allen Fingern über den gesamten Kopf und den Nacken klopfen

Arme:
mit der rechten Handfläche, von der Schulter bis zur Handinnenfläche, die Innenseite des linken Armes abklopfen, über den Handrücken geht es an der Außenseite des Armes wieder hoch zur Schulter (1- bis 3-mal wiederholen), anschließend die Arme wechseln

Brust, Bauch und Nieren:
mit den Fingerkuppen die Brust, dann den Bauch und anschließend die Nieren am unteren Rücken abklopfen

Gesäß:
mit beiden Handflächen (oder Fäusten) das Gesäß abklopfen (auf dem Stuhl: rechte Hand klopft zuerst rechte Gesäßhälfte, dann die linke Hand die linke Gesäßhälfte)

Beine und Füße:
mit rechter und linker Hand gleichzeitig die Außenseiten der Beine nach unten klopfen, über die Füße die Beininnenseiten hocharbeiten (1- bis 3-mal wiederholen)

Der Specht klopft sich eine Höhle

Massageart:	Selbstmassage
Massierte Körperteile:	gesamter Körper
Ausgangsposition:	auf dem Boden oder auf einem Stuhl

Erzählen Sie den Kindern, dass der Specht sich heute eine Höhle klopft. Dabei spielt die eigene Hand den Specht, und der eigene Körper ist der Baumstamm. Damit der Specht besonders gut klopft, sprechen wir gemeinsam den Spruch:

1. „Der Specht, der Specht klopft immerzu und kommt kaum zur Ruh."
mit den Fingerkuppen auf den oberen und hinteren Kopf trommeln,
mit der flachen Hand einen Arm entlangklopfen (Seitenwechsel),
mit den Fingerkuppen auf die Brust klopfen

Der Specht macht eine kurze Klopfpause. Schließt jetzt die Augen, und spürt in euren Körper. Könnt ihr fühlen, wo der Specht geklopft hat?
Antworten der Kinder abwarten, meist fühlen sich die beklopften Bereiche belebter oder wärmer an.

2. Der Specht hat sich etwas ausgeruht und arbeitet weiter.
Wir sprechen wieder gemeinsam den Spruch:
„Der Specht, der Specht klopft immerzu und kommt kaum zur Ruh."
die restlichen Stellen des Körpers abklopfen:
mit den Fingerkuppen den Bauch, mit den flachen Händen das Gesäß und die Beine, mit der Faust die linke und rechte Fußsohle

Das Loch ist groß genug, der Specht ist mit dem Klopfen fertig.
Schließt die Augen, und spürt, wo der Specht geklopft hat.
Wie fühlt sich euer Körper an?
Augen schließen und in den Körper hineinspüren, Antworten der Kinder abwarten

Der Specht klopft sich eine Höhle

3. Oh, wie schön! Ein Spechtweibchen kommt angeflogen. Es sammelt Gräser und polstert die Höhle damit aus. Dann legt es vier Eier hinein. Bald schlüpfen die kleinen Spechtküken!
pantomimisch nachspielen

Tipp:
Zeigen Sie vor Beginn der Massage den Kindern ein Bild von einem Specht und seiner Höhle.

Info:
Spechtmännchen klopfen im Frühjahr in einen meist schon kranken Baum ein Loch und zimmern dort eine Bruthöhle. In diese legt das Weibchen seine Eier, aus denen dann die Spechtküken schlüpfen.

Die wunderbare Verwandlung

Massageart:	Selbstmassage
Massierte Körperteile:	ganzer Körper
Ausgangsposition:	im Stehen

Bevor die Selbstmassage beginnt, erzählen Sie den Kindern folgende Geschichte von den Einwohnern des Planeten „Ruckzuck" und spielen die Inhalte kurz nach.

1. Auf dem Planeten „Ruckzuck" herrscht reines Chaos, nichts funktioniert mehr, viele Unfälle passieren. Die Bewohner sind immer in Eile und bewegen sich immer sehr, sehr schnell.
   schnell und hektisch durcheinanderlaufen

   Sie stoßen oft mit anderen Einwohnern zusammen.
   mit anderen Kindern leicht zusammenstoßen oder sanft anrempeln

   Die „Ruckizuckis", so nennen sich die Einwohner selbst, stolpern über ihre eigenen Füße.
   Stolperbewegungen machen, evtl. vorsichtig hinfallen lassen

2. Sie sind oft sehr unfreundlich zueinander.
   umherlaufen und grimmige Grimassen schneiden

   Oftmals verwechseln die Ruckizuckis ihre Körperteile. Sie schieben mit ihrem Kopf den Einkaufswagen vor sich her.
   mit gebeugtem Kopf vorwärtslaufen

   Immer wieder stopfen sie sich Essen ins Ohr.
   Hände mehrmals zu den Ohren führen

Die wunderbare Verwandlung

3. Mit ihrer Zunge drücken sie die Telefontasten, meistens verwählen sie sich dabei.
eine Hand als Telefon vor das Gesicht halten, Zunge ruckartig bewegen

Ohne zu schauen, gehen sie rückwärts über die Straße.
rückwärtslaufen

4. Die Ruckizuckis putzen mit der Zahnbürste ihre Arme und Beine.
eine Hand streicht mehrmals über die Arme und Beine

Sie lesen die Zeitung mit ihrem Po.
beide Hände als Zeitung vor das Gesäß halten

5. Statt mit den Füßen fahren sie mit den Händen Fahrrad.
Doch nach kurzer Zeit fallen sie hin. Plumps!
mit den Händen vor dem Körper „Fahrrad fahren",
sich hinfallen lassen

Den großen Suppentopf rühren sie mit ihrem Fuß um.
mit einem Fuß eine kreisende Bewegung ausführen

6. Damit die Ruckizuckis ihren Körper wieder spüren und ihre Körperteile nicht mehr verwechseln, machen Sie diese leichten Übungen:
Dazu setzen Sie sich auf den Boden.
alle auf den Boden setzen

Massageübungen:

Hinterkopf:
mit den Fingerspitzen vom Rand des Gesichtes (zuerst von der Stirn, dann von den Schläfen und als Letztes vom Nacken aus) zum Scheitel des Kopfes kräftig streichen, mit kreisenden Bewegungen die Kopfhaut massieren

Die wunderbare Verwandlung

Gesicht:
Handinnenflächen auf die Schläfen legen und kreisende Bewegungen ausführen – mit den Fingern die Stirn von der Mitte her zu den Seiten hin ausstreichen – mit den Fingerspitzen auf den Wangen kreisen – die Ohren leicht kneten, anschließend mit je einem Zeigefinger das Innere der Gehörmuschel abfahren

Nacken:
mit den Händen von oben nach unten den Nacken ausstreichen

Arme und Schultern:
alle Muskeln leicht durchkneten, dann kräftig reiben

Hände:
Der Daumen einer Hand liegt auf der Handinnenfläche der anderen Hand, die restlichen Finger liegen auf den Handrücken. Mit dem Daumen kreisende Bewegungen ausführen, mit dem Daumen die einzelnen Finger ausstreichen, Handrücken nach oben drehen, dann mit dem Daumen den Handrücken und die einzelnen Finger ausstreichen (Handwechsel)

Brust:
mit den Fingerspitzen auf die Brust trommeln

Bauch:
beide Hände aufeinanderlegen und kreisende Bewegungen ausführen

Beine:
alle Muskeln leicht durchkneten, dann kräftig reiben

Fußsohle:
einen Fuß etwas an den Körper heranholen, mit beiden Daumen kräftige streichende Bewegungen über die Fußsohle ausführen, mit der Faust die Fußsohle reiben (Fußwechsel)

Die wunderbare Verwandlung

Fußrücken:
mit einer Hand die Fußsohle festhalten, die Finger der anderen Hand streichen über den Fußrücken, anschließend die Zehen einzeln massieren (Fußwechsel)

Rücken:
einen Partner suchen, mit beiden Handflächen den Rücken links und rechts der Wirbelsäule von oben nach unten ausstreichen, die Rückenmuskeln leicht kneten, mit den Fingern links und rechts der Wirbelsäule auf den Rücken trommeln

Nun müssen die Ruckizuckis noch lernen, sich wieder langsamer zu bewegen. Im Zeitlupentempo führen die Ruckizuckis folgende Bewegungen aus:

- Sie heben und senken ihre Arme.
- Sie öffnen und schließen ihre Hände.
- Sie kreisen die Schultern.
- Sie heben und senken ihre Beine.
- Sie drehen den Kopf nach links und rechts.
- Sie kreisen mit den Füßen.

Tipp:
Spielen Sie die Geschichte noch einmal nach, nur dass jetzt kein Chaos mehr herrscht, sondern die Ruckizuckis sich bewusst und entspannt bewegen.

Nachdem die Ruckizuckis zwei Wochen lang jeden Tag alle Übungen gemacht haben, hat eine wunderbare Verwandlung stattgefunden: Sie laufen langsam auf der Straße, rempeln sich nicht mehr an, sie sind freundlich zueinander und gebrauchen die richtigen Körperteile.

Was fliegt und kriecht denn da?

Massageart: Selbstmassage

Massierte Körperteile: gesamter Körper

Ausgangsposition: Schneidersitz

1. Es ist Frühling, die Sonne scheint.
Schöne, bunte Schmetterlinge fliegen umher.
leicht mit den Fingerspitzen über das Gesicht und den Kopf streichen

Die Schmetterlinge lassen sich auf einer Blüte nieder und trinken den süßen Nektar.
mit dem Zeigefinger auf verschiedene Stellen des Kopfes drücken und schlürfen

Jetzt klappen die Schmetterlinge ihre Flügel auf und wieder zu.
beide Hände auf das Gesicht legen, mehrmals die Hände nach außen klappen und wieder aufs Gesicht legen

2. Nun fängt es zu regnen an.
mit den Fingern auf den Körper trommeln

Einige Regenwürmer kommen aus der Erde und kriechen über den Boden.
mit den Zeigefingern beider Hände über Beine, Oberkörper und Arme streichen

Achtung, ihr Regenwürmer! Die Hühner kommen angelaufen.
Sie picken nach euch.
über Beine und Oberkörper krabbeln, dabei wie Hühner gackern, am Körper zupfen

Schnell kriechen die Würmer unter die Erde.
mit den Zeigefingern über den Oberkörper fahren und unter den Beinen verstecken

Was fliegt und kriecht denn da?

3. Hört ihr auch das Grunzen? Zwei Wildschweine stapfen durch den Wald.
mit beiden Fäusten im Wechsel von den Füßen über die Beine und den Oberkörper zur Brust klopfen, bei jedem Schritt grunzen

Die Wildschweine stehen jetzt direkt vor einem großen Ameisenhaufen. Sie wühlen mit ihrer Schnauze darin.
seitlich des Nackens in Ausschnitthöhe mit den Fingern kreisende Bewegungen ausführen

Die Ameisen fühlen sich gestört. Sie spritzen Säure zur Abwehr. Doch die Wildschweine stört das nicht.
mit den Fingernägeln leicht in den Hals pieksen, evtl. Spritzgeräusche von sich geben

4. Die Wildschweine haben keine Lust mehr zum Wühlen. Sie wandern weiter durch den Wald.
mit beiden Fäusten im Wechsel über die Arme bis zu den Händen wandern (Arme über Kreuz nehmen), bei jedem Schritt grunzen

Wie schön! Direkt vor ihnen liegt ein großes Schlammloch. Sie springen hinein und wälzen sich viele Stunden im Schlamm.
Hände landen schwungvoll am Bauch, beide Hände von allen Seiten am Bauch reiben

Schlängelnde Schlangen

Massageart:	Selbstmassage
Massierte Körperteile:	Gesicht, Kopf, Arme, Beine, Hände, Füße
Ausgangsposition:	Die Kinder liegen auf dem Rücken oder sitzen auf einem Stuhl.

Die Unterarme spielen die zwei kleinen Schlangen (die Hände sind die Köpfe), die Beine spielen die beiden großen Schlangen (die Füße sind die Köpfe).

1. Zwei kleine Schlangen sind gerade aus ihren Eiern geschlüpft. Normalerweise bleiben Geschwisterschlangen nicht zusammen, aber diese beiden Schlangen mögen sich sehr und wollen miteinander spielen. Neugierig umschlängeln sie sich.
Arme ein Stückchen anheben, die Unterarme umkreisen sich ausführlich

Gemeinsam kriechen sie einen kleinen Baum hinauf. Dann schlängeln sie sich den Baum wieder hinunter.
mit den Händen über Hals, Wangen und Haare streichen, in umgekehrter Reihenfolge wieder zurück (1- bis 3-mal wiederholen)

2. Doch manchmal streiten sie auch. Sie liegen sich gegenüber und reißen ihr Maul bedrohlich weit auf.
Fingerspitzen zusammenlegen, Finger mehrmals strecken und wieder beugen, dabei Zischlaute von sich geben

Dann vertragen sie sich wieder und schlängeln sich wieder umeinander. Immer wieder reiben sie ihre Köpfe aneinander.
Arme ein Stückchen anheben, die Unterarme umkreisen sich ausführlich, Hände als Schlangenköpfe wie beim Händewaschen bewegen

Schlängelnde Schlangen

3. Eines Tages entdecken die beiden kleinen Schlangen auf ihrer Morgenwanderung zwei größere Schlangen. Auch sie umschlängeln sich. Immer wieder reiben sie ihre Köpfe aneinander.
mit einem Fuß den Unterschenkel bis zum Knie hoch- und wieder zurückstreichen, dann Seitenwechsel – die Fußsohle eines Fußes streicht über den Fußrücken des anderen und umgekehrt

Die Köpfe der kleinen Schlangen umschlängeln die Köpfe der großen Schlangen. „Hallo ihr Lieben, wir wollen mit euch ein wenig schlängeln", säuselt die eine kleine Schlange.
die Hände streichen über die Füße (um besser die Füße zu erreichen, im Liegen die Oberschenkel anziehen und auf dem Stuhl einen Fuß aufs Knie legen)

4. „Wir schlängeln sehr gerne", antwortet eine der großen Schlangen. „Zu viert schlängeln macht noch viel mehr Spaß!" Stundenlang spielen nun alle vier Schlangen fröhlich miteinander.
alle Arme und Beine umkreisen sich gegenseitig

Die Maus wacht auf

Massageart:	Selbstmassage
Massierte Körperteile:	Kopf, Gesicht, Nacken, Arme
Ausgangsposition:	Fersensitz

1. Die Maus liegt in ihrem Loch und schläft.
Oberkörper ist leicht nach vorne gebeugt

Am Abend erwacht sie. Die Maus gähnt und streckt sich.
Oberkörper aufrichten, gähnen und sich nach allen Seiten strecken

2. Als Erstes streicht sie mit ihrer Pfote über ihr Fell.
mit der rechten Hand einige Male über den linken Arm streichen, dann die Arme wechseln

Nun krault sie sich mit ihren Krallen am Kopf.
mit allen Fingern durch die Haare fahren, dabei leichten Druck ausüben

Jetzt reibt und kratzt sie sich an ihren Ohren.
Ohren mit den Fingerspitzen reiben und leicht kneten

3. Als Nächstes streicht sie ihre Barthaare aus.
mit den Fingern von der Nase zu den Ohren fahren

Zum Schluss massiert die Maus noch ihren Nacken.
Jetzt fühlt sie sich so richtig gut.
links und rechts der Wirbelsäule kleine, kreisende Bewegungen ausführen

4. Die ganze Nacht läuft sie über die Wiese.
Sie schnuppert und frisst, schnuppert und frisst.
auf allen vieren umhergehen, Schnuppern und Fressen pantomimisch nachspielen

Früh morgens schlüpft sie wieder in ihr Loch und schläft den ganzen Tag.
sich auf die Seite legen und einrollen

Der Wurm im Apfel

Massageart: Massage zu zweit

Massierte Körperteile: Beine und Füße

Ausgangsposition: Ein Kind liegt auf dem Rücken, das andere Kind kniet am Fußende. Die Beine stellen die Zweige dar, die Füße die Äpfel.

1. Sanft weht der Wind über den Apfelbaum.
mehrmals mit beiden Händen über die Unterschenkel zu den Füßen streichen

Die Äpfel an den Zweigen bewegen sich im Wind.
Füße anfassen, nach links und rechts schaukeln

2. Ein kleiner Wurm kriecht den Apfelbaum entlang.
mit den Fingern mit etwas Druck ein Bein in Richtung Fuß entlangfahren

Ah, hier ist ein schöner, saftiger Apfel! Zuerst kreist der Wurm um den Apfel. Mmmh, wie er duftet!
Fuß anfassen und wackeln, mit den Fingern um den Fuß kreisen

3. An einer schönen, roten Stelle bohrt er sich hinein.
an einer Stelle der Fußsohle mit dem Zeigefinger leicht eindrücken

Immer weiter frisst er sich durch den Apfel.
an verschiedenen Stellen des Fußes leicht drücken

4. Dann kriecht der kleine Wurm satt und zufrieden den Apfelbaum entlang.
Wiederholung der Absätze 2 und 3, jedoch Fuß wechseln

Plötzlich fängt es zu regnen an. Ganz schnell bohrt sich der Wurm in den Apfel hinein.
auf beide Beine und Füße trommeln, in eine der Fußsohlen bohren

Die Sonne kommt wieder hervor und scheint auf den Apfelbaum. Wie schön, der Wurm wandert wieder umher.
mit den Fingern mit etwas Druck ein Bein in Richtung Fuß entlangfahren

Ein Raumschiff landet

Massageart:	Massage zu zweit
Massierte Körperteile:	Rücken, Kopf, Arme, Hände
Ausgangsposition:	Ein Kind liegt auf dem Bauch, das andere kniet daneben, alternativ sitzen beide Kinder hintereinander.

1. Ihr kennt alle unsere große, heiße Sonne.
beide Hände in die Mitte des Rückens legen

Um die Sonne kreist der Merkur, die Venus, die Erde, der Mars.
mit dem Zeigefinger immer größer werdende Kreise malen

Ganz, ganz weit entfernt von der Sonne kreist der Saturn, der Jupiter, Uranus und Neptun.
Kreise bis zum Nacken und Po malen

2. Durch das Weltall fliegen viele Raumschiffe.
mit beiden Zeigefingern kreuz und quer über den Rücken fahren

Ein Raumschiff landet nachts auf der Erde.
Zwei Außerirdische steigen aus und laufen zu einem Garten.
Finger „landen" am unteren Rücken, mit den Fingern zum Nacken laufen

3. Dort schläft ein Mensch. Die Außerirdischen berühren seine Ohren: „Was sind das für komische Dinger?"
Ohren leicht reiben und kneten

Mit ihren langen, dünnen Fingern wühlen sie in den Haaren.
durch die Haare wühlen

4. Dann drücken sie die Arme und kitzeln die Hände. Eine Hand ergreift die Nase. Wie unheimlich sich dieser Menschenkörper anfühlt!
Arme leicht kneten, Hände kitzeln, Nase berühren

Schnell rennen sie wieder zu ihrem Raumschiff und düsen davon.
mit den Fingern zum unteren Rücken laufen, mit beiden Zeigefingern kreuz und quer über den Rücken fahren

Fit für das Pferderennen

Massageart: Massage zu zweit

Massierte Körperteile: gesamter Körper

Ausgangsposition: Ein Kind legt sich auf die Seite, das andere Kind kniet neben den Füßen.

1. Gleich findet ein Pferderennen statt. Der Reiter kümmert sich vorher noch mal gut um sein Pferd. Das Pferd bekommt neue Hufeisen. Neue Hufeisen sind für Pferde wie neue Schuhe für Menschen.
zuerst auf die eine, dann auf die andere Fußsohle mit der Faust klopfen

Der Reiter bürstet (striegelt) das hintere Bein. Anschließend massiert er die Beinmuskeln.
von der Hüfte zum Fuß über das Bein streichen oder mit echter Bürste entlangfahren – Beinmuskeln kneten

Jetzt bürstet er das Vorderbein, dann massiert er es.
über den Arm streichen oder mit echter Bürste entlangfahren, Arm kneten

2. Nun kämmt der Reiter die Haare des Pferdes. Das Pferd dreht sich nun auf die andere Seite.
mit den Fingerspitzen über die Haare fahren oder mit einem echten Kamm das Haar kämmen, Seitenwechsel (Wiederholung von Absatz 1)

Tipp:
Die Kinder können nach der Massage „Pferderennen“ spielen, indem sie um die Wette rennen und Gegenstände überspringen.

3. Das Pferd richtet sich auf und bekommt noch eine Klopfmassage. Das tut gut! Das Pferd fühlt sich schon richtig wohl!
in den Vierfüßlerstand kommen, mit den Händen auf Beine, Po, Rücken und Arme klopfen

Zum Abschluss wird noch der Rücken gebürstet und massiert. Jetzt ist das Pferd fit für das Pferderennen.
vom Nacken zum Po streichen, Rückenmuskeln kneten, den Kopf kraulen

Lass dich verwöhnen!

Massageart:	Massage zu zweit
Massierte Körperteile:	Gesicht, Kopf, Nacken
Ausgangsposition:	Ein Kind liegt auf dem Rücken, das andere Kind sitzt am Kopfende, das liegende Kind wird massiert.

Stirn:
Mit allen Fingern von den Augenbrauen zum Haaransatz streichen (immer nur nach oben zum Haaransatz streichen und nicht nach unten!)

Augenbrauen:
mit den Daumen die beiden Augenbrauen nach außen streichen

Schläfen:
beide Schläfen in kreisenden Bewegungen massieren

Ohren:
beide Ohren zwischen Zeige- und Mittelfinger nehmen und ein Stückchen auf- und abmassieren, anschließend Ohren leicht kneten

Wangen:
beide Wangen mit allen Fingern von der Nase in Richtung Ohren ausstreichen, anschließend vom Kinn zu den Ohren streichen

Hinterkopf:
mit allen Fingern sanft über die Kopfhaut kreisen

Nacken:
von den Schultern aus mit den Händen im Wechsel den Nacken hochstreichen (ist eine Hand oben angelangt, setzt die andere Hand an den Schultern unten an)

Lass dich verwöhnen!

Variante: Das Wohlfühlprogramm

Die Kinder können aus dieser Massage auch ein Rollenspiel machen. Der „Kunde" befindet sich in einem „Schönheits- und Wohlfühlstudio", indem neben der Gesichts- und Kopfmassage auch geschminkt, Haare gewaschen, geföhnt und frisiert wird. Die Behandlung kann dann auch auf einem Stuhl erfolgen.

Tipp:

Diese Massage kann sowohl sehr sanft als auch mit etwas Druck ausgeführt werden. Am besten fragen die Masseure zwischendurch, ob das Verwöhnprogramm so angenehm ist.
Die Kinder, die auf dem Boden liegen, legen sich ein Kissen unter den Kopf.
Der Masseur kann ein wenig Creme in den Händen verreiben, wenn das für beide Kinder in Ordnung ist.
Wenn Sie möchten, spielen Sie dazu ruhige Entspannungsmusik ab, und zünden Sie eine Duftlampe mit qualitativ hochwertigen Aromaölen an.

Katzenjungen krabbeln über dich

Massageart: Massage zu zweit

Massierte Körperteile: Rücken, Arme, Hände

Ausgangsposition: Ein Kind liegt auf dem Bauch, die Arme seitlich am Körper, die Handflächen nach außen gedreht und das Oberteil nach oben geschoben. Das andere Kind kniet daneben. Ein angefeuchtetes Papiertaschentuch liegt bereit.

1. Eine Katzenmutter hat fünf Katzenjungen geboren. Sie sind jetzt sieben Wochen alt und sehr neugierig. Ein kleines Kätzchen klettert gerade mit kleinen Schritten über deinen Rücken.
mit den Fingern über den Rücken laufen

Immer wieder führt es kleine Sprünge aus.
mit den Fingern über den Rücken hüpfen

Mit seiner kleinen Schnauze schnüffelt es an deinem Nacken. Kitzelt das?
sanft mit einem Finger über den Nacken kitzeln

2. Ein anderes Kätzchen ist auf deinen Rücken gesprungen. Beide Katzen rennen im Kreis herum.
mit beiden Fingern schnell im Kreis über den Rücken laufen

Ein Kätzchen ist zu seiner Mutter gelaufen. Das andere krabbelt zu deiner Hand. Das kleine Schwänzchen kitzelt deine Hand.
über einen Arm zu einer Hand laufen, die Handinnenfläche kitzeln

Das Katzenjunge dreht sich herum und schleckt deine Hand.
mit dem feuchten Taschentuch mehrmals hintereinander über die Hand streichen (wer möchte, kann anschließend die Katze zur anderen Hand laufen lassen und diese kitzeln und mit dem feuchten Tuch berühren)

Katzenjungen krabbeln über dich

3. Nun krabbelt das Kätzchen den Arm hinauf und schleckt dir über dein Gesicht.
mit den Fingern den Arm hochlaufen und die Wange mit dem feuchten Taschentuch berühren

Was sind das für seltsame Geräusche? Ah, dort hinten kratzt die Katzenmutter mit ihren Krallen an einem alten Schrank.
Willst auch du ihre Krallen spüren?
mit den Fingernägeln über den Rücken kratzen, das massierte Kind fragen, ob es sich angenehm anfühlt

Tipp:
Die Massage kann auch an den Beinen (statt Rücken) und an den Füßen (statt Händen) durchgeführt werden.

Zugfahrt zum See

Massageart: Massage zu zweit

Massierte Körperteile: Rücken und Kopf

Ausgangsposition: Die Kinder sitzen zu zweit hintereinander und blicken in die gleiche Richtung. Das hintere massiert das vordere Kind.

1. Endlich sind Ferien! Du möchtest deine Freundin mit dem Zug besuchen. Am Bahnhof verabschiedest du dich von deinen Eltern. Deine Mutter streicht dir zum Abschied über den Kopf.
mit den Händen durch die Haare streichen

Dein Vater klopft dir auf die Schulter.
je eine Hand klopft auf eine Schulter

2. Nun steigst du in den Zug.
mit den Fingern über den Rücken und dem Kopf laufen

Fröhlich winkst du deinen Eltern aus dem Fenster zu.
Hände des vorderen Kindes fassen, hoch- und runterbewegen

Achtung, der Zug fährt los!
Hände auf die Schulter legen, vor- und zurückschaukeln

3. Immer wieder neigt sich der Zug in die Kurven: Linkskurve, Rechtskurve ...
den Oberkörper im Wechsel nach links und rechts beugen

„Vorsicht an Gleis 4, der Zug fährt ein!“ Du steigst aus dem Zug.
mit den Fingern über den Rücken laufen

Zugfahrt zum See

4. Wie schön, deine Freundin wartet schon auf dich.
Zur Begrüßung umarmst du sie.
vorderes Kind umarmen

Ihr lauft gut gelaunt zum See.
Sofort schwimmt ihr eine Runde im Wasser.
mit den Fingern über den Rücken und Kopf laufen,
mit der rechten und linken flachen Hand kreisende Bewegungen ausführen

Dann rutscht ihr auf der Wasserrutsche. Hui, macht das Spaß!
mit den Händen mehrmals über den Kopf zum Po streichen

Mit den Taucherbrillen taucht ihr unter Wasser und sammelt kleine Steine.
Hände unter das Oberteil schieben und verschiedene Stellen kneten

5. Abends lauft ihr zum Bahnhof und umarmt euch.
Du steigst in den Zug.
mit den Fingern über den Rücken und Kopf laufen, vorderes Kind umarmen,
nochmals über den Körper laufen

Fröhlich winkst du deiner Freundin zum Abschied zu.
Hände des vorderen Kindes fassen, hoch- und runterbewegen

Achtung, der Zug fährt los!
Hände auf die Schulter legen, vor- und zurückschaukeln

6. Der Zug fährt wieder viele Kurven.
Schließlich fährt der Zug in den Bahnhof ein. Du steigst aus.
den Oberkörper im Wechsel nach links und rechts beugen,
mit den Fingern über den Rücken und Kopf laufen

Deine Eltern warten schon am Bahnsteig. Dein Vater schüttelt deine Hand.
Hände des vorderen Kindes fassen und leicht schütteln

Deine Mutter umarmt dich. War das ein schöner Ausflug?
gegenseitig umarmen

Erlebnis im Regenwald

Massageart: Massage in Kleingruppen

Massierte Körperteile: gesamter Körper

Ausgangsposition: Zwei bis vier Kinder stehen in einem engen Kreis um ein ebenfalls stehendes Kind. Dieses Kind wird nun von den Masseuren gleichzeitig behandelt.

1. Ihr seid im tropischen Regenwald. Dort ist es feucht und heiß, und es regnet jeden Tag. Der Regen prasselt stundenlang auf die Erde.
mit den Fingern über den gesamten Körper trommeln (vom Kopf zu den Füßen und wieder nach oben)

Als der Regen etwas nachlässt, schlängeln sich dünne, grüne Schlangen durch das Gebüsch.
mit dem Zeigefinger in Schlangenlinien über den Körper fahren

Eine Affenfamilie springt von Ast zu Ast.
Jetzt schwingen die Affen an den Lianen.
kreuz und quer mit den Fingern über den Körper hüpfen, das mittlere Kind leicht hin- und herschieben

2. Jetzt fängt es schon wieder stärker zu regnen an.
mit den Fingern über den gesamten Körper trommeln (vom Kopf zu den Füßen und wieder nach oben)

Tausende von Ameisen laufen die Bäume hinauf und wieder hinunter.
mit den Fingern über den Körper laufen

Als der Regen wieder etwas nachlässt, fliegen viele bunte Papageien durch den Wald. Sie landen und picken Früchte von den Bäumen.
mit den Fingern am ganzen Körper zupfen

Erlebnis im Regenwald

3. Und schon wieder regnet es. Den ganzen Nachmittag prasselt es herunter. Endlich hört der Regen auf.
mit den Fingern über den gesamten Körper trommeln (vom Kopf zu den Füßen und wieder nach oben)

Im Fluss schwimmen riesige Krokodile. Sie öffnen ihr Maul und schnappen sich einige Fische.
ein Körperteil (z.B. Arm oder Bein) mit beiden Händen fassen, dabei „Schnapp!" rufen und die Hände ein Stück am Körper entlangziehen

Wie süß! Ein Tigerbaby schmust mit seiner Mutter.
mittleres Kind umarmen, Wangen an den Körper legen und „Schmuselaute" von sich geben

Jetzt haben wir genug gesehen und müssen wieder nach Hause. Es wird langsam dunkel. Wir stapfen durch den Regenwald zurück ins Dorf.
mit den Handflächen über den Körper drücken

Hundewäsche

Massageart: Massage in Kleingruppen

Massierte Körperteile: gesamter Körper

Ausgangsposition: Alle Kinder hocken im Vierfüßlerstand.

Ein Kind spielt den Hund und nimmt den Vierfüßlerstand ein. Es kann sich auch auf den Bauch legen und alle viere von sich strecken. Der Hund kann sich auch auf den Rücken legen und seine Beine anziehen. Zwei bis Vier Kinder knien um den Hund herum.

1. Wuffl, der kleine Hund, war heute ganz viel draußen und hat gespielt. Mit anderen Hunden ist er zusammen in viele Pfützen gesprungen. Dabei ist er ganz schön dreckig geworden. Nun muss Wuffl in die Badewanne.

   Als Erstes spritzen wir mit der Handbrause das Fell von Wuffl nass.
   mit der Hand über den Körper gleiten lassen und Wassergeräusche machen

2. Nun verteilen wir das Haarwaschmittel auf dem nassen Fell.
   mit den Händen in kreisenden Bewegungen über den Körper streichen

   Jetzt massieren wir das Haarwaschmittel ins Hundefell.
   Gefällt das unserem Wuffl?
   den Körper kneten (Wuffl darf bellen, wenn er sich wohlfühlt)

   Das Haarwaschmittel muss wieder ausgewaschen werden.
   mit der Hand über den Körper gleiten lassen und Wassergeräusche machen

3. Nun kämmen wir das Fell.
   mit gespreizten Fingern am Körper entlangfahren oder echten Kamm benutzen

   Mit einem Handtuch rubbeln wir das Fell von Wuffl trocken.
   den Körper abrubbeln (schnelle und ruckartige Bewegungen ausführen)

   Oh nein! Wuffl hat einige Zecken im Fell, diese müssen wir unbedingt entfernen. So, geschafft – jetzt ab in den Hundekorb!
   leicht am Körper zupfen, Wuffel noch ein paar Klapse geben

Die Maus krabbelt aus dem Haus

Massageart: Massage in Kleingruppen

Massierte Körperteile: gesamter Körper

Ausgangsposition: Alle Kinder sitzen auf dem Boden.

Das massierte Kind sitzt auf dem Boden oder auf einem Stuhl.
Zwei massierende Kinder knien oder sitzen neben dessen Armen und verstecken jeweils eine Hand unter seinem Oberteil am unteren Rücken.

1. Eine kleine Maus krabbelt aus ihrem Haus.
Munter hüpft sie einen Hügel hinunter.
Hände hervorholen, mit den Fingern über den Rücken zur Schulter laufen, den zugewandten Arm hinunterhüpfen

Neben einem Fluss nagt sie genüsslich an einer Nuss.
an einem Finger „knabbern"

2. Nicht eine, nicht zwei, nicht drei, nicht vier, nein, fünf Nüsse hat sie gefressen, so viel hat sie schon lang nicht mehr gegessen!
bei jeder weiteren Zahl an einem anderen Finger knabbern

Plötzlich schleicht sich ein Fuchs heran. Die Maus flüchtet, so schnell sie kann.
von der Schulter langsam zur Hand laufen, den Arm schnell hochlaufen

3. Der Fuchs rennt schnell hinterher, doch er sieht die Maus nicht mehr.
nochmals den Arm schnell hochlaufen

Wo ist sie denn nur hingeschlüpft? Ist sie ihm auf den Kopf gehüpft?
über den Kopf hüpfen

Wo kann sie nur sein, vielleicht unter deinem Bein?
Finger unter das Bein stecken und leicht daran zupfen

4. Nein! Sie rennt die Wiese entlang, so schnell sie kann.
Schnell flitzt sie in ihr Haus und ruht sich aus.
die Finger schlüpfen wieder unter das Oberteil

Die erschöpften Kamele

Massageart: Massage in Kleingruppen

Massierte Körperteile: gesamter Körper

Ausgangsposition: Die Kinder bilden Dreiergruppen. Ein Kind (das Kamel) geht in den Vierfüßlerstand. Ein anderes Kind (der Kamelreiter) setzt sich auf dessen Rücken.

Wer möchte, kann ein Kissen auf den Rücken legen. Das dritte Kind spielt den Kamelführer und führt ein Seil unter die Achseln des Kamels und hält dieses fest.

1. Ihr reitet auf Kamelen durch die Wüste. Ihr seid schon viele Stunden unterwegs. Es ist sehr, sehr heiß.
im Vierfüßlerstand einige Schritte laufen, der Kamelführer läuft mit dem Seil in der Hand nebenher

Die Kamele haben lange nichts mehr getrunken.
Sie laufen immer langsamer und sind schon sehr erschöpft.
sehr langsam krabbeln

2. Oh nein! Die Kamele brechen zusammen.
die Kamele lassen sich auf den Boden fallen

Die Kamelführer flößen den Kamelen mit einer Trinkflasche Wasser ein.
Doch die Kamele bleiben erschöpft liegen. Oh nein, was können wir tun?
die Kamelführer tun so, als würden sie das Kamel tränken

3. Plötzlich hat der Kamelführer eine Idee. Er hat gelesen, dass Trommelmassagen Tiere wieder munter machen. Wollen wir das versuchen?
Kamelführer und Kamelreiter knien sich in Hüfthöhe um das liegende Kamel, mit den Fingerspitzen klopfen sie über den gesamten Körper

Nun schaukeln wir die Kamele noch ein wenig. Das tut ihnen sicher gut.
Hände auf den Po legen und den Körper durch eine leichte Druckbewegung ins Schaukeln bringen

Die erschöpften Kamele

4. Tatsächlich! Die Trommelmassage und das Schaukeln haben die Kamele wieder munter gemacht. Hurra! Die Kamele richten sich wieder auf und reiten weiter.
Kamele gehen wieder in den Vierfüßlerstand, die Kamelreiter steigen auf, einige Schritte krabbeln

Seht! Dort ist eine Oase. Da gibt es sicher genug Wasser.
Gruppe setzt sich schnell in Bewegung

Endlich sind wir angekommen. In der Oase trinken wir und erholen uns.
Trinkgeräusche machen

Tipp:
Bauen Sie die Massagezeit ruhig nach Belieben weiter aus. Wechseln Sie die Rollen der Kinder durch, und wiederholen Sie die Geschichte.

Gefährliche Dinosaurier

Massageart: Massage in Kleingruppen

Massierte Körperteile: gesamte Körperrückseite

Ausgangsposition: Ein Kind liegt auf dem Bauch, zwei Kinder knien sich von links und rechts seitlich neben dessen Rücken, zwei weitere neben die Beine.

Die Kinder seitlich des Rückens massieren den Rücken, die Arme und den Kopf, die beiden anderen die Beine und Füße.

1. Eine Herde von Pflanzenfressern wandert über die Hochebene.
mit den Händen über den Körper drücken

Sie bleiben stehen und rupfen leckere Farnblätter.
mit den Fingern zupfen

2. Etwas entfernt drücken zwei gefährlich aussehende Dinos ihre Hörner gegeneinander. Sie kämpfen um ein Weibchen.
Hände mehrmals mit etwas Druck aufeinander zu bewegen

Die Pflanzenfresser sind satt und stapfen weiter.
mit den Händen über den Körper drücken

3. Ganz leise und vorsichtig schleichen sich Fleischfresser heran.
mit allen Fingern langsam über den Körper laufen

Die Fleischfresser haben scharfe Krallen.
mit den Fingernägeln über den Körper fahren, das Kind fragen, ob es die Krallen spürt

Oh nein! Die Fleischfresser greifen die Herde an!
mit allen Fingern zügig laufen

Gefährliche Dinosaurier

4. Die Pflanzenfresser wehren sich.
Sie peitschen ihre langen Schwänze hin und her.
mehrmals schnell hintereinander über den Körper streichen

Plumps! Zwei Fleischfresser sind zu Boden gestürzt.
Schnell ergreifen sie die Flucht.
mit den flachen Händen auf den Po klatschen, mit allen Fingern zügig über den Körper laufen

5. Puh, da haben die Pflanzenfresser Glück gehabt! Sie wandern weiter. Langsam werden sie müde. Sie fressen wieder eine große Menge Pflanzen und legen sich schlafen.
mit den Händen über den Körper drücken, mit den Fingern zupfen, Köpfe auf das liegende Kind legen und schnarchen

Tipp:
Schauen Sie mit den Kindern ein Buch über Dinosaurier an und zeigen ihnen ein Bild von einem Fleischfresser (z.B. Tyrannosaurus Rex) und einem Pflanzenfresser (z.B. Brachiosaurus).

Zwetschgenkuchen backen

Massageart: Massage in Kleingruppen

Massierte Körperteile: Beine und Rücken

Ausgangsposition: Ein Kind liegt auf dem Bauch, zwei Kinder knien jeweils neben einem Bein.

1. Wir backen heute einen Zwetschgenkuchen.
Zuerst stellen wir den Teig her.
Wir geben Mehl, Hefe, Zucker und Butter in eine Schüssel.
Beine von oben nach unten mit der flachen Hand abklopfen

Dann kneten wir den Teig. Alle Zutaten sollen sich gut vermischen.
Beinmuskeln durchkneten

2. Nun wird der Teig auf einem Backblech ausgerollt.
mit der Faust mit etwas Druck über das Bein streichen, von der Mitte nach oben, unten und außen

Jetzt verteilen wir die Zwetschgen auf dem Teig.
mit den Fingern sanft in verschiedene Stellen des Beines drücken

3. Wir schieben den Kuchen in den Backofen.
Hände über den Rücken unter das Oberteil schieben, kurz warten

Der Kuchen ist fertig. Wir holen ihn aus dem Ofen heraus.
Hände wieder hervorholen

4. Jetzt muss der Kuchen noch in Stücke geschnitten werden.
mit der Handaußenkante schneidende Bewegungen machen

Endlich können wir den Kuchen probieren. Mmmh, lecker!
mit den Fingern am Bein zupfen, zum Mund führen, Essgeräusche machen

Tipp:
Statt auf den Beinrückseiten kann auch auf den Beinvorderseiten und natürlich auf dem Rücken „gebacken" werden.

Geisterstunde

Massageart: Massage in Kleingruppen

Massierte Körperteile: gesamter Körper

Ausgangsposition: Ein Kind liegt auf dem Bauch, zwei bis vier weitere Kinder „fliegen" als Gespenster umher.

1. Es ist Mitternacht. Du liegst in deinem Bett und schläfst. Zwei Gespenster fliegen in deinem Zimmer umher. Immer wieder machen sie seltsame Geräusche.
Geräusche machen, z.B. mit den Füßen auf den Boden trampeln, an die Wand klopfen, mit den Zähnen klappern, „Huhu!" rufen

Die Gespenster kommen zu dir geflogen.
Sie möchten dich aufwecken und erschrecken.
zum liegenden Kind laufen und sich neben dieses setzen

2. Die Gespenster berühren deinen Körper.
mit den Händen leicht über den Körper streichen

Nun hüpfen sie über dich.
mit den Händen auf- und abhüpfen

3. Die Gespenster versuchen, dich wach zu klopfen, doch du schläfst immer noch tief und fest.
mit den Händen im Wechsel klopfen

Jetzt versuchen die Gespenster, dich wach zu rütteln.
Hände auf den Körper legen und diesen erst sanft, dann stärker schaukeln

4. Du wachst einfach nicht auf.
Nun drehen dich die Gespenster auf die andere Seite.
Kind auf den Rücken rollen, die Absätze 2 und 3 wiederholen

Die Gespenster kitzeln dich im Gesicht und an den Füßen. Aber du schläfst immer noch tief und fest. Etwas enttäuscht fliegen sie davon. Vielleicht haben sie beim nächsten Mal mehr Glück.
mit den Fingern Gesicht und Füße kitzeln

Muntere Waldzwerge

Massageart: Massage in Kleingruppen

Massierte Körperteile: Arme, Kopf, Rücken

Ausgangsposition: Ein Kind liegt auf dem Bauch, die Arme über den Kopf gestreckt. Zwei weitere Kinder knien seitlich des Rückens und haben ihre Hände unter das Oberteil (die „Höhle") gesteckt.

1. Die Waldzwerge wachen in ihrer Höhle auf.
Wie jeden Morgen machen sie ihre Morgengymnastik.
Zuerst stampfen sie mit ihren Füßen in den Boden.
mit den Fingern (unter dem Oberteil) trommeln

Jetzt drehen sie sich einige Male im Kreis.
mit den Fingern kleine Kreise ausführen

Nun kämmt jeder Waldzwerg seinen langen, weißen Bart.
mit den Händen mehrmals von den Schultern zum Po streichen

2. Sie krabbeln aus ihrer Höhle heraus und laufen einen langen, umgestürzten Baumstamm hoch.
Hände hervorholen und mit den Fingern über den zugewandten Arm laufen

Oben angekommen, zupfen sie einige Blätter ab und essen diese zum Frühstück.
mit Daumen und Zeigefinger an der Hand zupfen, Hand zum Mund führen, Essgeräusche machen

3. Hui, jetzt rutschen die Zwerge den Baumstamm wieder hinunter.
mehrmals mit der Hand über den Arm zur Schulter streichen

Den ganzen Morgen flitzen sie im Wald umher.
zügig über Rücken, Kopf und Arm laufen

Muntere Waldzwerge

4. Mittags haben die Waldzwerge großen Hunger. Sie wollen sich eine Beerensuppe kochen. Dazu pflücken sie Blaubeeren und Walderdbeeren von den Sträuchern.
an verschiedenen Körperstellen von Rücken und Kopf zupfen

Die gesammelten Beeren drücken sie zu Mus.
mit den Fingern auf dem Rücken drücken

Nun verrühren die Zwerge das Beerenmus mit Wasser.
mit den Händen kreisende Bewegungen ausführen

5. Prima! Das Essen ist fertig. Hungrig schlürfen die Zwerge die leckere Beerensuppe.
Kinder machen Schlürfgeräusche

Nach dem Essen tanzen die Waldzwerge mit den Elfen.
Sie trommeln und singen.
mit den Fingern über Rücken, Kopf und Arme hüpfen, anschließend mit den Fingern trommeln, dabei nach eigener Fantasie etwas singen

Kapitel 1:

Körperkontaktspiele

Kapitel 2:

Massagegeschichten

Kapitel 3:

Entspannende Berührungen

Ich sage Danke

Entspannungsart: Entspannung allein

Ausgangsposition: Die Kinder liegen auf dem Rücken.

Material: für jedes Kind evtl. eine Matte oder Decke

Dankbar sein zu können, ist eine sehr schöne Eigenschaft.
Diese Meditation macht den Kindern bewusst, für welche Dinge im Leben sie dankbar sein dürfen.

Die Übung ist nach folgendem Schema aufgebaut:

1. Ein bestimmtes Körperteil (Augen, Ohren, Arme und Hände, Beine und Füße) sanft massieren
2. Den Kindern Anregungen geben, weshalb sie dankbar für dieses Körperteil sein dürfen
3. Die Kinder denken selbst an Dinge, die sie gerne tun oder wahrnehmen
4. Über das jeweilige Körperteil noch einmal sanft streichen
5. Die Kinder bedanken sich still

Beispiel für eine „Dankesmeditation“:

1. „Legt euch bequem auf den Boden, und schließt die Augen. Richtet nun die Aufmerksamkeit auf eure Augen. Reibt die Augen etwas mit euren Händen, dann könnt ihr sie deutlicher spüren. Mit den Augen kann man viele schöne Dinge sehen: Blumen oder Tiere, ein leckeres Essen ...

   Überlegt euch Dinge, die ihr selbst gerne mit den Augen wahrnehmt. Wenn ihr euch einige Dinge überlegt habt, streicht sanft über eure Augen, und bedankt euch bei ihnen.

2. Berührt jetzt mit den Händen eure Ohren. Massiert die Ohren, dann spürt ihr sie noch deutlicher. Mit unseren Ohren hören wir viele schöne Dinge: Vogelgezwitscher, lustige Musik oder Gutenachtgeschichten.

   Überlegt euch nun selbst, was ihr sehr gerne hört.
   Streicht noch einmal sanft über eure Ohren, und bedankt euch für die vielen schönen Dinge, die ihr hören könnt.

Ich sage Danke

3. Richtet nun die Aufmerksamkeit auf eure Arme und Hände. Reibt eure Arme und Hände, erst die eine Seite, dann die andere. Mit unseren Händen und Armen machen wir ganz viele Dinge. Wir umarmen andere Menschen, oder wir basteln schöne Sachen. Überlegt euch selbst, was ihr am liebsten mit euren Händen macht.
Streicht noch einmal sanft über eure Arme und Hände, und bedankt euch, dass ihr sie habt.

4. Nehmt jetzt eure Beine und Füße wahr. Zieht sie an euch heran, und massiert sie ausführlich. Ihr könnt sie reiben oder mit euren Fingern leicht kneten. Eure Beine und Füße sind für euch sehr wichtig. Damit rennen wir oder spielen Fußball.

Überlegt euch nun selbst, warum unsere Beine und Füße so wichtig sind. Was macht ihr am liebsten damit? Vielleicht über einen Bach springen oder seilhüpfen?
Streicht noch einmal sanft mit euren Händen über die Beine und Füße, und bedankt euch bei ihnen."

Tipp:
Sprechen Sie ganz langsam mit ruhiger Stimme. Legen Sie nach jedem Satz eine kleine Pause ein, damit die Kinder nachdenken und ihren Körper spüren können.

Engelsflügel umarmen dich

Entspannungsart: Entspannung allein

Ausgangsposition: Die Kinder liegen auf dem Boden oder gemütlich auf einem Stuhl zurückgelehnt.

Material: für jedes Kind eine Matte oder Decke als Unterlage und evtl. eine kleine weiße Feder

Erzählen Sie:

„Eines Tages kommt Jonas aus der Kita (Grundschule) nach Hause. Er ist gar nicht gut gelaunt, denn er hatte Ärger mit seinem besten Freund. Immer wieder hat er ihn geschubst und böse Ausdrücke zu ihm gesagt. Jonas ist ein wenig traurig, aber auch sehr müde. Er legt sich auf sein Bett. ‚Das tut gut, sich einfach nur auszuruhen', denkt sich Jonas.
Von Minute zu Minute wird er müder, fast fallen ihm die Augen zu.

‚Was ist das denn?', wundert sich Jonas plötzlich. Direkt über ihm an der Zimmerdecke sieht er ein helles, kleines Licht, das sich auf- und abbewegt. An den Seiten dieses Lichtes bewegen sich winzige goldene Flügel. Jonas reibt sich die Augen, träumt er vielleicht schon? Nein, über ihm schwebt wirklich ein helles, durchsichtiges Wesen mit kleinen Flügeln.

Verwundert spricht Jonas das helle Licht an: ‚Wer bist du, und was machst du da oben an meiner Zimmerdecke?' ‚Ich bin ein kleiner Engel', antwortet das Wesen mit sanfter Stimme. Erstaunt fragt Jonas den Engel: ‚Kannst du denn auch richtig fliegen?' Ohne zu antworten, breitet der Engel seine kleinen Flügel aus und fliegt einige Runden über Jonas' Kopf.

Jonas fragt weiter: ‚Bist du etwa mein Schutzengel?' ‚Genau, der bin ich', sagt der Engel freundlich und erklärt weiter: ‚Jeder Mensch hat einen Schutzengel. Er versucht, den Menschen vor Gefahren zu schützen. Außerdem trösten Schutzengel die Menschen, wenn es ihnen nicht gut geht.'

‚Du hast so traurig nach der Kita (Grundschule) ausgesehen. Deshalb bin ich zu dir geflogen.' ‚Ja das stimmt', bestätigt Jonas, ‚mein bester Freund hat mich heute immer wieder geärgert, obwohl ich ihm gar nichts getan habe.
Warum tut er das?'

Engelsflügel umarmen dich

Der Engel erklärt ihm: ‚Manchmal sind Menschen unfreundlich, weil sie sich selbst nicht wohlfühlen. Seine Oma ist vor zwei Tagen gestorben, wahrscheinlich geht es deinem Freund deshalb nicht gut. Er hat dich nur geärgert, damit er in dem Moment nicht mehr traurig war. Er mag dich aber trotzdem, das weiß ich.

Wenn du möchtest, breite ich meine Flügel über dich aus. Du wirst eine angenehme Wärme in deinem Körper spüren, und du wirst bald nicht mehr an deinen Ärger denken.'

Jonas überlegt kurz. Ja, er möchte sehr gerne die Flügel des Engels spüren. Der Engel fliegt zu ihm und breitet seine Flügel direkt über Jonas' Kopf aus. Dies kitzelt ein wenig, aber schon bald fühlt Jonas eine wohlige Wärme in seinem Kopf.

Damit ihr euch die Wärme der Engelsflügel besser vorstellen könnt, nehmt jetzt die eigenen Hände, reibt sie aneinander, und legt beide Hände auf eure Augen. So wie die Engelsflügel bei Jonas wärmen nun eure Hände die Augen.

Nach einiger Zeit breitet der Engel seine Flügel über die Brust von Jonas aus. Reibt eure Hände, und legt sie auf euer Herz. Spürt auch hier die Wärme, so wie Jonas die Engelsflügel.

Engelsflügel umarmen dich

Nun fliegt der Engel auf Jonas' Bauch. Auch dort breitet er seine Flügel aus. Reibt eure Hände, und legt sie auf den Bauch.

Jonas fühlt sich schon viel wohler. Er denkt gar nicht mehr an den Streit. ‚Aufwachen, Abendessen!', hört Jonas plötzlich die Stimme seiner Mutter. Jonas schlägt erschrocken seine Augen auf. ‚Habe ich nur geträumt, oder war mein Schutzengel wirklich bei mir?, denkt Jonas.
Seine Augen, sein Herz und sein Bauch fühlen sich besonders angenehm an. Als er aufsteht, sieht er neben seinem Bett eine klitzekleine weiße Feder liegen. Jonas ist sich sicher, dass der kleine Engel hier war.

Jedes Mal, wenn Jonas sich nicht wohlfühlt, denkt er an seinen Schutzengel. Das hat bis jetzt immer geholfen!"

Tipp:
Wenn Sie möchten, können Sie jedem Kind eine kleine weiße Daunenfeder neben die Matte oder Decke legen. Fragen Sie die Kinder, ob sie die Wärme gespürt haben.

Verwurzelt wie ein Baum

Entspannungsart: Entspannung allein

Ausgangsposition: schulterbreiter Stand, Knie leicht gebeugt

1. Stellt euch vor, ihr seid ein großer Baum mit einem dicken Stamm. Ihr steht schon 200 Jahre an diesem Platz. Kein Wind oder Sturm hat euch bisher umgeweht. Dort, wo eure Füße sind, wachsen Wurzeln in die Erde. Ganz ruhig und fest steht ihr da.
   Die Kinder bleiben einige Zeit still stehen und versuchen, sich vorzustellen, fest verwurzelt wie ein Baum zu sein.

2. Ein leichter Wind kommt auf. Die Äste und Blätter schaukeln im Wind. Der Wind streicht sanft über euch: über die Baumkrone und über die Zweige mit den Blättern.
   Arme als Zweige und Hände als Blätter sanft in alle Richtungen bewegen, mit den Fingerspitzen über den Kopf, das Gesicht, die Arme und die Hände streichen

3. Jetzt weht ein stärkerer Wind. Der ganze Baumstamm schwankt zur einen und zur anderen Seite. Die Windrichtung hat gedreht, der Baumstamm bewegt sich vor und zurück.
   den Oberkörper nach links und rechts bewegen, jedoch nur so weit, dass die Kinder nicht umkippen, Gewicht im Wechsel vor- und zurückverlagern

4. Der Wind hat aufgehört. Ihr steht wieder ganz ruhig und fest auf eurem Platz. Die Sonne spitzt hinter den Wolken hervor. Ihr spürt die Sonnenstrahlen, die euch wärmen.
   beide Hände auf das Gesicht legen und einige Zeit die „Wärme der Sonne" spüren, die Hände auf den Bauch legen, die Augen schließen und ebenfalls dort eine Weile hinspüren

Die Sonne geht auf

Entspannungsart: Entspannung zu zweit

Ausgangsposition: hüftbreiter Stand, die Rücken von jeweils zwei Kindern sind zueinandergedreht, die Hände gefasst

1. Im Osten geht gerade die Sonne auf. Sie guckt schon ein wenig hinter dem Berg hervor. Ganz langsam steigt sie immer höher.
Jetzt ist sie aufgegangen.
beide Arme so langsam wie möglich kreisförmig von unten über die Seite nach oben über den Kopf führen

Nun wandert die Sonne Richtung Süden. Es ist Mittag, die Sonne strahlt jetzt mit ihrer ganzen Kraft von ihrem höchsten Punkt.
mit erhobenen Armen eine Viertel-Drehung nach rechts sehr langsam ausführen

2. Am Nachmittag wandert die Sonne weiter Richtung Westen.
Es wird wieder etwas kälter.
nochmals eine Viertel-Drehung nach rechts machen

Jetzt ist es Abend. Im Westen geht die Sonne schließlich unter.
Ganz langsam verschwindet sie hinter einem Berg.
Noch ein kleines Stückchen ist sie zu sehen. Jetzt ist sie untergegangen.
beide Arme so langsam wie möglich kreisförmig von oben über die Seite nach unten zu den Beinen führen

Nachts scheint die Sonne gar nicht. Dafür ist es jetzt auf der anderen Seite der Erde hell.
Oberkörper etwas nach vorne beugen und langsam eine Viertel-Drehung nach rechts machen (Norden)

3. Doch früh am Morgen geht sie wieder auf.
wieder eine Viertel-Drehung nach rechts machen, die Absätze 1 und 2 wiederholen

Die Sonne geht auf

Die Menschen sehen die Sonne jeden Tag auf- und untergehen.
In Wirklichkeit aber steht sie im Weltall immer an der gleichen Stelle.
Tag und Nacht steht sie dort und bewegt sich nicht.
Arme seitlich über den Kopf führen und eine halbe bis ganze Minute ruhig dastehen

Tipp:
Sprechen Sie langsam und mit sanfter Stimme. Geben Sie den Kindern Zeit, in sich hineinzuspüren. Die Hände bleiben während der gesamten Übung gefasst. Achten Sie darauf, dass die Kinder während eines Sonnenzyklus eine ganze Umdrehung machen, also beim Sonnenaufgang immer in die gleiche Richtung schauen. Können Ihnen die Kinder draußen zeigen, wo die Sonne tatsächlich jeden Tag auf- und untergeht?

Blühende Blumen

Entspannungsart: Entspannung zu zweit

Ausgangsposition: Je zwei Kinder sitzen als „Blumen" im Schneidersitz am Boden, die Rücken beider Kinder sind aneinandergelehnt. Die Handflächen jedes Kindes berühren sich in Brusthöhe.

1. Im Frühjahr wachsen viele bunte Blumen auf der Wiese:
Schneeglöckchen, Löwenzahn, Tulpen, Gänseblümchen.
beim Nennen jeder Blume die gefalteten Hände über den Kopf führen und wieder senken (der Rücken streckt sich dabei)

Ein leichter Wind kommt auf und bläst über die Wiese. Die Blumen tanzen im Wind. Der Wind bläst nun aus einer anderen Richtung.
Hände auf die Knie legen und gemeinsam den Oberkörper in eine Richtung kreisen, Richtungswechsel

2. Kleine Schnecken krabbeln die Blütenstängel hoch.
Jetzt kriechen sie auf die Blüte.
Im „Schneckentempo" kriechen die Finger über den Bauch zur Brust, die Finger kriechen auf den Kopf (die Blüte).

Eine Kaninchenfamilie hoppelt über das Gras. Einige Grashalme knicken nach hinten. Doch nach kurzer Zeit richten sie sich wieder auf.
Hände auf die Knie legen, den Oberkörper runden und wieder aufrichten (mehrmals wiederholen)

3. Ein Traktor fährt an den Blumen vorbei. Die Erde erzittert.
den gesamten Körper leicht schütteln

Im Sommer regnet es viele Tage nicht.
Die Blumen lassen ihre Köpfe hängen.
den Kopf Richtung Brust senken, kurze Pause

Blühende Blumen

4. Endlich regnet es wieder. Die Blütenköpfe heben wieder ihre Köpfe.
Kopf wieder aufrichten

Abends bläst ein kräftiger Wind über die Wiese.
Die Blumen wiegen sich im Wind.
Hände auf die Knie legen, im selben Rhythmus nach links und rechts schaukeln

Im Herbst verwelken die Blumen. Doch im Frühjahr wachsen wieder viele neue.
evtl. alle Absätze wiederholen

Körperteile sanft führen

Entspannungsart: Entspannung zu zweit

Ausgangsposition: Ein Kind (A) legt sich auf den Rücken, das andere Kind (B) ergreift sanft ein Körperteil des liegenden Kindes und führt behutsam kleine Bewegungen aus.

Die Kinder bewegen ihre Körperteile langsam und fließend. Das liegende Kind lässt während der „Behandlung" seine Spannung in den Muskeln los und vertraut sich der Führung des Partners an.

Ein Arm in der Luft:

Kind B umfasst mit einer Hand das Handgelenk von Kind A, mit der anderen Hand umfasst es den Ellbogen des gleichen Arms und hebt den Arm in die Luft.

- den Arm Richtung Bauch senken und wieder heben
- Bewegungen zu beiden Seiten
- den Arm kreisen
- „kreuz und quer"
- anschließend den Arm von Kind A wechseln

Die Hand kreisen lassen:

Der Oberarm von Kind A liegt seitlich neben dem Körper, der Unterarm zeigt in die Luft. Kind B ergreift mit einer Hand das Handgelenk, mit der anderen Hand führt es die Bewegungen aus.

- das Handgelenk in beide Richtungen kreisen
- „winken" (Hand nach vorn und zurückklappen)
- die Finger zu einer leichten Faust schließen, Finger wieder öffnen
- Hand bzw. den Unterarm ein wenig drehen
- anschließend die Hand von Kind A wechseln

Das Fußgelenk kreisen lassen:

Ein Bein von Kind A ist zum Bauch herangezogen, das andere liegt gestreckt am Boden oder ist angewinkelt. Kind B umfasst mit der einen Hand die Wade des angezogenen Beines, mit der anderen Hand das Fußgelenk.

Körperteile sanft führen

- nach außen kreisen
- nach innen kreisen
- das Bein strecken und wieder beugen
- anschließend den Fuß von Kind A wechseln

Beide Beine:

Beide Beine von Kind A sind zum Bauch herangezogen, die Füße heben vom Boden ab. Kind B umfasst mit seinen Händen jeweils ein Knie des Partners.

- nach außen kreisen
- nach innen kreisen
- nach links und rechts schaukeln
- die Beine ein wenig Richtung Kopf schieben und wieder zurück

Ein Bein in der Luft:

Ein Bein von Kind A ist senkrecht in der Luft angehoben, das andere steht angewinkelt auf dem Boden. Kind B steht vor dem angehobenen Bein und umfasst mit beiden Händen den Fuß.

- vor- und zurückführen
- nach links und rechts führen
- Bein abwinkeln und wieder anheben
- in beide Richtungen kreisen
- „kreuz und quer"
- anschließend den Fuß von Kind A wechseln

Lasst die Köpfe tanzen!

Entspannungsart: Entspannung zu zweit

Ausgangsposition: Die Kinder stehen frei verteilt im Raum.

Material: beliebige Musik

Los gehts:

Die Kinder tanzen zur Musik frei umher. Schalten Sie die Musik aus, und rufen Sie den Kindern zu: „Lasst die Köpfe tanzen!" Daraufhin sucht sich jedes Kind einen Partner. Beide Kinder legen ihre Köpfe aneinander und versuchen, gemeinsam die Köpfe zu bewegen. Nach einiger Zeit schalten Sie wieder die Musik an, und die Kinder tanzen wieder frei nach eigener Fantasie. Beim nächsten Musikstopp rufen Sie dann: „Lasst die Schultern tanzen!" Die Kinder suchen sich wieder einen Partner, stellen sich Schulter an Schulter und bewegen gemeinsam die Schultern.

Hier nun einige Anregungen, wie sich die Kinder paarweise bewegen können:

„Lasst die Köpfe tanzen!"
Die Kinder stehen sich gegenüber, die Köpfe berühren sich.

- die Köpfe nach links und rechts schwingen
- die Köpfe vor- und zurückbewegen

„Lasst die Schultern tanzen!"
Die Kinder stehen nebeneinander, die Schultern berühren sich.

- die Schultern vor- und zurückschwingen
- die Schultern nach oben ziehen und fallen lassen
- die Schultern kreisen

„Lasst die Rücken tanzen!"
Die Kinder stehen Rücken an Rücken.

- die Oberkörper schwanken nach links und rechts
- die Oberkörper seitlich nach unten beugen
- die Oberkörper kreisen

Lasst die Köpfe tanzen!

„Lasst einen Arm tanzen!"
Die Kinder stehen nebeneinander, eine Hand fasst die andere Hand.

- die Arme vor- und zurückschwingen
- die Arme nach links und rechts schwingen
- die Arme wie ein Lasso kreisen

„Lasst beide Arme tanzen!"
Die Kinder legen jeweils beide Handflächen aufeinander.

- Arme nach links und rechts schwingen
- Arme hoch und- runterführen
- Arme im Kreis herum führen
- Hände auseinanderführen und wieder zusammenbringen
- mit den Ellbogen wackeln

„Lasst ein Bein tanzen!"
Die Kinder stehen nebeneinander, ein Bein berührt das andere Bein.

- kleine Kreise beschreiben
- nach links und rechts schwingen
- Knie nach oben und unten führen

„Lasst beide Beine tanzen!"
Die Kinder setzen sich paarweise gegenüber auf den Boden und legen die Fußsohlen aufeinander.

- Beine nach links und rechts bewegen
- Beine hoch- und runterführen (beidseitig, links und rechts im Wechsel)
- Beine im Kreis herum führen
- Füße auseinander- und wieder zusammenführen

Tipp:
Lassen Sie die Kinder vor Spielbeginn eigene Ideen suchen, wie sie zu zweit die verschiedenen Körperteile bewegen können.
Bei jüngeren Kindern können Sie während des Spiels die Bewegungen auch vorgeben.

Auf dem Mond schweben

Entspannungsart: Entspannung in der Gruppe

Ausgangsposition: Die Kinder stehen hintereinander in einer langen Schlange im Raum.

Material: für jedes Kind einen Luftballon

Blasen Sie pro Kind einen Luftballon als „Mondballon" auf und verstecken diese unter einer Decke. Erzählen Sie:

„In einigen Jahrzehnten wird es vielleicht möglich sein, dass Menschen ihren Urlaub auf dem Mond verbringen. Stellt euch vor, eure ganze Kita-Gruppe (Schulklasse, Familie) macht einen Ausflug dorthin. Auf dem Mond ist die Schwerkraft allerdings nicht so stark wie auf der Erde. Wir sind dort viel leichter. Deshalb kommen wir nur schwebend vorwärts und können uns nur sehr langsam bewegen. Habt ihr Lust, heute zum Mond zu fliegen?"

1. Bitte alle einsteigen und anschnallen, die Rakete hebt gleich ab:
10, 9, 8, 7, 6, 5, 4, 3, 2, 1, wir starten!
Die Kinder stehen hintereinander, fassen sich an den Schultern und laufen umher.

Der Mond kommt immer näher. Hurra, wir sind gelandet! Helme aufsetzen und alle aussteigen! Es darf niemand verloren gehen, deshalb reichen wir uns alle die Hände.
stehen bleiben, Hände seitlich am Kopf vorbeiführen, zur Seite drehen und sich gegenseitig die Hände reichen

2. Zuerst laufen wir an einem riesigen Krater vorbei.
einige Schritte im Zeitlupentempo gehen

Vor uns liegt ein hoher Fels. Langsam klettern wir ihn hinauf. Auf der anderen Seite ist es sehr steil, wir müssen rückwärts herunterklettern.
einige Schritte vorwärtsgehen, dabei Knie weit nach oben ziehen, rückwärtsgehen

Auf dem Mond schweben

3. Seht nur! Dort drüben ist ein Ufo gelandet. Außerirdische steigen aus und beginnen zu tanzen. Sie winken uns. Wir sollen zu ihnen kommen und mittanzen.
Je zwei bis vier Kinder fassen sich an den Händen und führen schwebende, tänzerische Bewegungen nach eigener Fantasie aus.

Seht mal, ich habe Mondballons gefunden! Wollt ihr damit spielen?
Luftballons unter der Decke hervorholen und verteilen, im Zeitlupentempo mit den Luftballons frei spielen

4. Bitte alle wieder einsteigen, wir fliegen zur Erde zurück! Gleich hebt die Rakete wieder ab: 10, 9, 8, 7, 6, 5, 4, 3, 2, 1, wir starten!
Die Kinder stellen sich wieder hintereinander, fassen sich an den Schultern und laufen umher.

Tipp:
Falls nötig, erinnern Sie die Kinder daran, dass sie sich auf dem Mond nur sehr langsam und schwebend bewegen können. Absatz 3 kann mit verteilten Rollen gespielt werden. Die Hälfte der Kinder spielen die Außerirdischen, die Grimassen schneiden und sich merkwürdig bewegen.

Schaut in den Himmel!

Entspannungsart: Entspannung in der Gruppe

Ausgangsposition: Die Kinder stehen im hüftbreiten Stand im Kreis und reichen sich die Hände.

1. Schaut in den Himmel. Dort oben ziehen große, weiße Wolken.
   Arme in Augenhöhe nach oben führen, kleine Schritte seitwärts im Kreis gehen

   Ein Storch fliegt über Wiesen und Felder. Er hebt und senkt seine Flügel. Jetzt landet er auf einer Wiese.
   stehen bleiben, Flugbewegungen des Storches nachahmen, in die Hocke gehen, Arme nach unten führen

2. In der Nähe des Storches startet gerade ein Heißluftballon. Immer höher steigt er in die Luft. Nun schwebt er zwischen den Wolken.
   von der Hocke langsam zum Stehen kommen, Arme nach oben nehmen, kleine Schritte seitwärts im Kreis gehen (Richtungswechsel zu Absatz 1)

   Ein schöner, bunter Drachen schwebt hoch in der Luft. Der Wind schaukelt ihn hin und her.
   mit dem Körper im gleichen Rhythmus nach links und rechts schaukeln

3. Die Sonne ist gerade untergegangen. Die Menschen werden müde und kuscheln sich in ihr Bett. Sie träumen vom Wind, der ihren Drachen hin- und herschaukelt.
   die Kinder neben sich in den Arm nehmen, sodass ein geschlossener Kreis entsteht, Augen schließen, im gleichmäßigen Rhythmus zu beiden Seiten schaukeln

Tipp:
Sprechen Sie mit ruhiger, langsamer Stimme. Wenn Sie möchten, können Sie am Ende der Bewegungsgeschichte Entspannungsmusik abspielen, zu der sich die Kinder als Drachen nach eigener Fantasie bewegen.

Wärmende Hände

Entspannungsart: Entspannung in der Gruppe

Ausgangsposition: Ein freiwilliges Kind legt sich auf den Bauch, sechs weitere Kinder knien um das liegende Kind am Boden.

Material: pro Gruppe eine Decke oder Matte, Entspannungsmusik

Sechs Kinder führen gleichzeitig bei einem Kind eine „Wärmebehandlung" durch. Dazu reiben sie ihre Hände zunächst aneinander, um sie zu wärmen. Das zu wärmende Kind liegt auf dem Bauch auf einer Decke.

Ein Kind kniet am Kopfende. Beide Hände liegen nebeneinander auf dem Kopf des zu wärmenden Kindes. Zwei Kinder knien sich in Rückenhöhe gegenüber. Jeweils eine Hand liegt auf dem oberen Rücken, die andere auf dem unteren Rücken. Zwei weitere Kinder knien sich in Beinhöhe gegenüber. Jeweils eine Hand liegt auf dem Oberschenkel, die andere auf dem Unterschenkel.
Das letzte Kind kniet am Fußende. Es legt je eine Hand auf die Fußsohle.

Variante 1: Positionen wechseln

Die Übung kann auch schon ab 3 Teilnehmern durchgeführt werden. Die Kinder, die die Hände auflegen, wechseln zwischendurch die Positionen. Das Wechseln der Positionen könnten Sie durch einen Gongschlag ankündigen.

Variante 2: Noch mehr Hände

So viele Hände, wie überhaupt nur Platz haben (etwa 10 Kinder), liegen auf dem Kind, sodass kaum eine Stelle des Körpers unbedeckt bleibt. Vielleicht haben Sie Lust, sich selbst eine „Wärmebehandlung" von den Kindern geben zu lassen.

Tipp:
Richten Sie sich bezüglich der Dauer der „Behandlung" nach den Bedürfnissen der Kinder. Bei jüngeren Kindern reichen meist schon 2 Minuten, bei älteren Kindern kann es bis zu 5 Minuten dauern. Fragen Sie zwischendurch, ob das behandelte Kind sich wohlfühlt. Die Positionen müssen nicht streng eingehalten werden. Jeder Stelle des Körpers tut es gut, eine Hand zu spüren.

Die Autorin

Heike Jung wurde 1966 in Fürth geboren, ist seit 1992 verheiratet und hat zwei schulpflichtige Kinder. Nach dem Abitur und einem sechsmonatigen Auslandsaufenthalt in den USA und Costa Rica hat sie an der Fachhochschule Sozialwissenschaften, Wirtschaft und Recht studiert und im Anschluss für die Deutsche Telekom gearbeitet.

Durch die eigenen Kinder inspiriert, erwarb Heike Jung ihren Übungsleiterschein beim Bayerischen Landessportverband und besuchte verschiedene Fortbildungen im Bereich der Bewegungserziehung für Kinder und Erwachsene.
Einige Jahre bot sie Fitness- und Wirbelsäulengymnastikkurse für Erwachsene an. Seit über 10 Jahren ist sie Dozentin an der Volkshochschule Fürth für „Eltern-und-Kind-Turnen".

Zwei Jahre betreute Heike Jung eine Kinderwaldgruppe des Bundes für Naturschutz in Fürth. Der Wald als kreatives Betätigungsfeld begeisterte Heike Jung so sehr, dass sie sich entschloss, weitere Kurse im Wald auch für jüngere Kinder anzubieten.

Seit 2003 leitet sie den VHS-Kurs: „Die Waldmäuse: Kindgerechte Spiele und Aktivitäten im Wald für Kinder im Vorschulalter". Mehrmals jährlich organisiert sie Walderlebnisausflüge für Familien und Kindergärten.
In ihrer Freizeit besucht Heike Jung gerne Qigong-, Yoga-, Feldenkrais- und Meditationskurse.

Von Heike Jung sind bereits folgende Titel im Verlag an der Ruhr erschienen (Bestellnummern in Klammern):
„Kinder lernen Waldtiere kennen" (60244)
„Kinder lernen Tiere aus Feld und Wiese kennen" (60359)
„Kinder lernen Tiere an Teichen und Bächen kennen" (60552)
Darüber hinaus sind zu allen drei Büchern **Fotokarten mit Sachinfos** erhältlich (60432, 60433, 60553).

Anfang 2009 erschien bereits aus der vorliegenden Reihe:
„Kleine Schnecke, roll dich ein! Bewegungsgeschichten zur Motorikförderung und Körperwahrnehmung" (60478).

Literatur- und Internettipps

Literaturtipps

Nicole Goldstein et al.:
Stille Träume. Fantasiereisen für Kinder mit Arbeitsblättern und CD. 5–10 Jahre. Verlag an der Ruhr, 2008.
ISBN 978-3-8346-0254-1

Heike Jung:
Kleine Schnecke, roll dich ein!
Bewegungsgeschichten zur Motorikförderung und Körperwahrnehmung. 4–8 Jahre. Verlag an der Ruhr, 2009.
ISBN 978-3-8346-0478-1

Doris Stöhr-Mäschl:
Ruhe tut gut! Fantasiereisen, Bewegungs- und Entspannungsübungen für Kinder. 5–12 Jahre. Verlag an der Ruhr, 2008.
ISBN 978-3-8346-0420-0

Tina Weiler:
Ohren an das Knie heran, ob die Nase wackeln kann?
Bewegungsreime zur Sprachförderung. 3–6 Jahre. Verlag an der Ruhr, 2008.
ISBN 978-3-8346-0321-0

Tina Weiler et al.:
Bing bong, schicke schong, wir tanzen den Radieschen-Song.
Bewegungsreime und -lieder zur Sprachförderung. 3–6 Jahre. Verlag an der Ruhr, 2009.
ISBN 978-3-8346-0471-2

Ulrich Storck:
Technik der Massage.
Thieme, 2004.
ISBN 978-3-1313-9599-3

Internettipps*

www.kindergartenpaedagogik.de
Zahlreiche Informationen und Fachartikel rund um den Kindergarten.

www.familienhandbuch.de/cmain/f_Programme/a_Aktivitaeten_mit_Kindern.html
Umfassende Ratgeber-Seite vom Staatsinstitut für Frühpädagogik. Mit vielen Spiel- und Bewegungsideen für Kita-Kinder.

* Die in diesem Werk angegebenen Internetadressen haben wir geprüft (Stand August 2009). Da sich Internetadressen und deren Inhalte schnell verändern können, ist nicht auszuschließen, dass unter einer Adresse inzwischen ein ganz anderer Inhalt angeboten wird. Wir können daher für die angegebenen Internetseiten keine Verantwortung übernehmen.